本书出版受到北京市支持中央在京高校共建项目资助

留学生汉语分级阅读指南

主编　姜丽萍
编著　张　伟　刘　畅　王鸿滨　杨慧真
赵　艳　赵秀娟　吴春仙

北京语言大学出版社
BEIJING LANGUAGE AND CULTURE UNIVERSITY PRESS

图书在版编目（CIP）数据

留学生汉语分级阅读指南 / 姜丽萍主编. -- 北京 :
北京语言大学出版社，2017.1
ISBN 978-7-5619-4817-0

Ⅰ. ①留… Ⅱ. ①姜… Ⅲ. ①汉语－阅读教学－对外
汉语教学－自学参考资料 Ⅳ. ① H195.4

中国版本图书馆 CIP 数据核字 (2017) 第 032736 号

留学生汉语分级阅读指南

LIUXUESHENG HANYU FENJI YUEDU ZHINAN

排版制作：北京光大印艺文化发展有限公司
责任印制：包朔

出版发行：北京语言大学出版社
社　　址：北京市海淀区学院路 15 号，100083
网　　址：www.blcup.com
电子信箱：service@blcup.com
电　　话：编辑部　8610-82303647/3592/3395
国内发行　8610-82303650/3591/3648
海外发行　8610-82303365/3080/3668
北语书店　8610-82303653
网购咨询　8610-82303908
印　　刷：北京中科印刷有限公司

版　　次：2017 年 1 月第 1 版　　印　　次：2017 年 1 月第 1 次印刷
开　　本：787 毫米 ×1092 毫米　1/16　　印　　张：12.75
字　　数：178 千字
定　　价：45.00 元

PRINTED IN CHINA

阅读中国

——《留学生汉语分级阅读指南》序

李宇明

古今中外，曾有几多“推荐书目”，中国清代就有张之洞的《书目答问》、梁启超的《西学书目表》等。书目推荐者，有权威部门、著名学校、知名学者、成功人士，或是图书网站等。所荐书目，都指向一定的读者群体，或是学生，或是某一领域的专门受众。这些推荐书目在促进阅读、增长知识等方面，都起到了一定的社会作用。

留学生也是一个很大的社会群体。留学生不能只通过课堂学习汉语和中华文化，还必须通过阅读来了解中国，增强对中文的兴趣，提高语言水平。《留学生汉语分级阅读指南》（以下简称《阅读指南》）是北京语言大学专为留学生研制的中文阅读书目。所录图书都经过精挑细选，既充分考虑读者的中文水平，又考虑图书在各学科领域的代表性。这部《阅读指南》有如下特点：

一是分类精准。《阅读指南》以“中国图书馆图书分类法”为基准，结合教学实际，将目录确定为八大类，即（1）文化教育；（2）语言民族；（3）文学；（4）历史地理；（5）科技；（6）艺术体育；（7）哲学社科；（8）政治经济。这样的分类主题突出，便于查找。

二是分级权威。《阅读指南》参考 HSK 词汇大纲和美国“蓝思分级阅读框架”，参考学生的汉语水平，分为五个级别，其中前两个级别以推荐篇章为主，后三个级别以推荐图书为主。这五个级别的划分有利于帮助不同水平的留学生找到相应的阅读篇目和图书。

三是选材得当。遵循“实然”而非“应然”的标准，从留学生实际需求出发，建构阅读书目。选材以当代中国为主，进而辐射传统中国；注意体裁的广泛性、内容的丰富性；以汉语阅读范本展示汉语之美，展示中华文化之盛。

四是提供“推荐语”。《阅读指南》分为“基本推荐书目”和“扩展阅读推荐书目”。“基本推荐书目”每类20~30篇，“扩展阅读推荐书目”每类几篇到十几篇不等。“基本推荐书目”每篇都有“推荐语”，介绍图书的特点。推荐语的字数在500字内，并控制语言难度，尽量减少阅读障碍。

五是方便查找。《阅读指南》提供四种目录：（1）分类目录；（2）基本推荐书目汇总表；（3）基本推荐书目作品音序索引；（4）扩展阅读推荐书目。

《阅读指南》的编者都有丰富的教学实践经验，也有与时俱进的理念。如在“哲学社科”类别中，推荐了中国著名企业家潘石屹和王石的作品，可以让留学生领略到，成功人士的精神力量不仅存在于日本的松下幸之助和美国的比尔·盖茨身上，同样也存在于中国当代企业家身上。再如书目选取的纪录片《舌尖上的中国》，融文化与时尚于一体，可以帮助留学生加深对中国美食文化的理解，进而加深对中华文化的理解。

清末学者谭献在《复堂词录·序》中说：“作者之用心未必然，而读者之用心何必不然。”那意思就如同常说的：有一千个读者，就有一千个哈姆雷特。《阅读指南》呈现了各式精美的“菜肴”，读者可根据自己的口味，选取自己所爱，吃出不同的味道。

中国已经成为全球最重要的留学目的地国之一，来华留学的人数与日俱增。我相信，《阅读指南》的编者不会停下研发的脚步，会继续研发出适应各类留学生的阅读指南，让留学生充分享用阅读中国的精神盛宴。

2016年5月1日

序于北京惧闲聊斋

前　言

留学生学习中文主要通过课堂教学进行，课下主要进行口语交际方面的练习和应用，课外阅读对他们来说好像可有可无，我们很少看到留学生会拿着一本中文课外读物（教材以外的中文书籍）在阅读。这里面主要有两个方面的原因：一是对于初级水平的留学生来说，阅读中文原文好像是不可想象的事情；二是他们不知道自己的汉语水平能阅读哪些中文书籍。而阅读能提高留学生学习中文的兴趣，培养语感和阅读习惯，建立汉语思维，促进留学生了解中国国情和文化，提高其综合素养。

早在2014年初，北京语言大学李宇明教授就提出：国内中小学语文有《中学生阅读行动指南》和《小学阅读指南》，能不能给留学生编写一本阅读指南？为此，北京语言大学教务处曾主导编写留学生的阅读书目和内容简介，最初采取的是自下而上的方式，即让教留学生的一线老师提供阅读书目，但是书目征集上来后，由于思路、级别、难易度、体裁等没有统一要求，编辑起来较为困难。后来教务处委托我组织人员立项研发《留学生汉语分级阅读指南》（以下简称《阅读指南》），经过一年半的努力，于2015年底完成书稿。现就相关问题说明如下：

一、构架设计

1. 分类

《阅读指南》以“中国图书馆图书分类法”为基准，结合教学实际，将阅读书目确定为八大类，即（1）文化教育；（2）语言民族；（3）文学；（4）历史地理；（5）科技；（6）艺术体育；（7）哲学社科；（8）政治经济。

2. 分级

《阅读指南》以孔子学院总部 / 国家汉办研制的《HSK 考试大纲》的“词汇大纲”为依据，根据一线教师的教学经验，参考美国“蓝思分级阅读框架”，刘月华、储诚志主编的《汉语风》中文分级系列读物，崔永华主编的《实用汉语分级阅读丛书》，陈贤纯主编的《学汉语分级读物》，朱勇主编的《中文天天读》等内容，确定《阅读指南》分为五个级别，分别是：3 级，具有 600 个左右的词汇量（相当于 HSK 三级）；4 级，具有 1200 个左右的词汇量（相当于 HSK 四级）；5 级，具有 2500 个左右的词汇量（相当于 HSK 五级）；6 级，具有 5000 个左右的词汇量（相当于 HSK 六级）；超纲级，具有 5000 个以上的词汇量（相当于 HSK 六级以上，定位于超纲阅读，简称“超”）。其中前两个级别以推荐篇章为主，后三个级别以推荐书籍为主。

3. 文本选择

选材原则注重以下特点：

一是趣味性，关注学生的兴奋点和兴趣点，选材有意思，关注中国社会生活的方方面面。

二是广泛性，注重体裁的广泛性，形式的多样性，有典故、成语、历史故事、小说、散文、诗歌等，其中还收录了一些影视作品，这些作品一是具有文学鉴赏性，二是有利于教学和学习，留学生看后能进一步帮助其阅读原作等。

三是级别性，与 HSK 等级相关，注重选取不同级别留学生有能力阅读的作品。

四是中国化，凸显中华文化特色，尽量控制翻译作品或以外国题材为主要内容的作品的收录。

4. 体例

本书由目录、基本推荐书目和扩展阅读推荐书目组成。

为方便查找，本书提供四种目录：（1）分类目录；（2）基本推荐书目汇总表；（3）基本推荐书目作品音序索引；（4）扩展阅读推荐书目。

基本推荐书目每篇有一个推荐语。推荐语编写原则：500字以内，以二语学习理论指导《阅读指南》的编写，用教学语言来写；内容以当代中国辐射传统中国；以汉语阅读范本展示汉语之美。

扩展阅读推荐书目每类几篇到十几篇不等，只提供书目，不编写推荐语。

二、适用对象

本书虽然定名为《留学生汉语分级阅读指南》，但是这里的“留学生”具有广泛的指称，并不局限于在目的语环境下学习的汉语学习者，而是适用于海内外各界汉语学习者和汉语教师。另外，该《阅读指南》既适用于留学生的课下自主阅读，也可作为阅读课上的补充材料。

三、意义和价值

1.《阅读指南》是学界第一本专门为留学生研制、编写的中文阅读书目，对教师为学生推荐阅读图书以及留学生独立选择阅读材料都具有很强的指导意义和引领作用，既“助学”，也“助趣”。

2.《阅读指南》所推荐的图书，包括政治、经济、文学、文化等多个方面，涵盖的领域广泛，是具有代表性的经典作品，学生通过阅读这些作品，能逐渐地了解中国、喜欢中国、热爱中华文化。

3.《阅读指南》编者对所列图书进行了语言难度的划分，便于教师根据学生语言水平进行推荐，也利于学生个人通过内容、难度的双重标准选择阅读材料。

4.《阅读指南》编者为每一本书撰写了推荐语，并对推荐语的编写进行了语言难度的控制，学生可以无障碍阅读。推荐语对所推荐图书的特点、优点进行了介绍，对于学生做出选择具有很好的指导作用。

四、分工

《阅读指南》项目组成员均来自北京语言大学教学一线，他们是：汉语进修学院的张伟老师，汉语学院的刘畅、王鸿滨老师，汉语速成学院的赵秀娟、吴春仙、赵艳、杨慧真老师。具体分工：（1）文化教育——张伟；（2）语言民族——张伟；（3）文学——赵艳；（4）历史地理——赵秀娟；（5）科技——吴春仙；（6）艺术体育——刘畅；（7）哲学社科——杨慧真；（8）政治经济——王鸿滨。姜丽萍负责总体设计，刘畅、张伟与姜丽萍共同负责目录整合、书稿统筹、条目规范等。

感谢北京语言大学李宇明教授自始至终对《阅读指南》的指导和关注，并在百忙中为之撰写序言；感谢北京语言大学教务处吕静处长为项目的立项、写作提供最有力的支持；感谢翟艳老师前期所做的基础性工作；感谢北京语言大学出版社唐琪佳、张莹老师细心审阅和富有建设性的建议。

敬请读者在使用中提出批评和建议！

姜丽萍

2016 年 12 月

目 录

一、文化教育

序号	作品名称	作者 / 编者	出版单位	出版时间	建议级别
1	家庭教育	陈鹤琴	华东师范大学出版社	2013	5
2	你好，中国	《认识中国》编写组	北京语言大学出版社	2012	4
3	你好，中国	姜丽萍、韩明、郑家平、刘国艳等	高等教育出版社	2011	5
4	中国文化欣赏读本（上、下）	刘谦功、舒燕、于洁	北京语言大学出版社	2014	4
5	对话中国·物态文化篇	张健、董萃、金学丽	北京语言大学出版社	2013	5
6	对话中国·心态文化篇	张健、董萃	北京语言大学出版社	2014	5
7	母亲札记	鲁西西	世界知识出版社	2006	5
8	向名人的父母学家教	文予可	清华大学出版社	2013	5
9	中国教育跟西方不一样	王瑞烽、于萍	北京语言大学出版社	2009	4
10	中国科技和教育	席巧娟、张爱秀	五洲传播出版社	2010	6
11	中国风土人情	程麻	商务印书馆	2008	超
12	中国文脉	余秋雨	长江文艺出版社	2012	超
13	中国酒	李争平	五洲传播出版社	2010	6

序号	作品名称	作者 / 编者	出版单位	出版时间	建议级别
14	舌尖上的中国（第一季、第二季）	陈晓卿	中央电视台	2012、2014	5
15	我爱我家	英达	中国国际文化艺术中心	1993、1994	4
16	家有儿女	林丛	北京电视台	2004	4
17	走进中国百姓生活（上、下）	刘月华、刘宪民、李金玉	世界图书出版公司	2006	5
18	中国百姓身边的故事（上、下）	刘月华、李金玉、刘宪民、葛良彦	世界图书出版公司	2008	4
19	中国人的故事（上、下）	余宁、张斌、陈晓燕	北京语言大学出版社	2009	5

1.《家庭教育》

作者：陈鹤琴

出版单位：华东师范大学出版社

出版时间：2013 年

推荐语：

家庭教育是教育中最重要的部分，尽管学生们接受教育的地方主要是学校，但家庭是孩子接受教育的第一场所。所谓“父母是孩子的第一任老师”就是这个道理。中国的小孩子一般会接受什么样的家庭教育？什么样的家庭教育是良好而有效的？父母怎么做孩子才能健康成长？中国现代教育家陈鹤琴先生给了我们很好的讲解和示范。他用 101 条原则告诉我们该怎样教育孩子，而且这 101 条原则，语言简单明了，生动活泼，都是在讲述一些小故事的基础上进行总结和归纳。比如，小孩子不肯穿衣服，大人应该怎么做？小孩子不收拾玩过的玩具，大人应该怎么做？小孩子哭的时候，大人应该怎么做？小孩子做错事的时候，大人应该怎么做？……

这本书被列为“中国父母必读之书”，通过它，你会知道中国人在教育孩子方面的许多思想和做法。

2.《你好，中国》

作者：《认识中国》编写组

出版单位：北京语言大学出版社

出版时间：2012 年

推荐语：

一看到“中国”这两个字，你会马上想起什么？是不是会想起长城、故宫、熊猫、瓷器、丝绸、兵马俑、孔子、功夫、姚明、旗袍、中国菜？好吧，请来这里看看，一张张精美的图片使你很容易记住每个事物的特征，一个个话题都不超过300字，语言简单实用，令人印象深刻。除此之外，如果你对西藏、新疆、内蒙古等少数民族地区也感兴趣，这里也有介绍，少数民族的文化、习俗等，都会一一展现。还有，如果你对旅行充满好奇，这里也会给你介绍中国最值得去的地方，比如，美丽的苏州园林、桂林山水、神奇的九寨沟、名闻天下的黄山、独特的民居西递、宏村等。中国很大，但在这本书里，你或许只用一天的时间，就能对中国有个大概了解。有空翻翻，既能增长中华文化知识，又会提高汉语阅读水平，一举两得，实在好！

3.《你好，中国》

作者：姜丽萍、韩明、郑家平、刘国艳等

出版单位：高等教育出版社

出版时间：2011年

推荐语：

如果上面的那本《你好，中国》可以作为一个小册子，随身放在你的口袋、书包或者旅行包中随时看、随时翻的话，那么，这套《你好，中国》，你可以把它看作一个3D电影。它是立体的，你可以看书，看视频，还可以听广播。这套书围绕着100个词语，制作出四种不同媒体形态的产品：100集电视系列片，100集广播教学节目，100篇课文组成的课本，以及《你好，中国》的官方网站。它有多个外文版本：英语、法语、俄语、西班牙语等。

书中的100个词语，集中反映了中国古代及现代的文化、思想及日常生活。比如孔子、老子这些中国古代哲学家，他们的思想主要有哪些？主要的理论、书籍是什么？这里都有清晰的介绍。再比如中国有哪些美丽的地方？你想知道的话，它们就来了：故宫、长城、天坛、兵马俑、西湖、泰山、莫高窟……可能你还想了解中国美食——烤鸭、饺子、豆腐、鱼、火锅——也会一一送到你面前。你还想了解怎么给中国人送花吗？如果你送一位中国朋友一束菊花，那就麻烦了。还有，如果你跟中国人吃饭，想吃醋的话，你说，“我爱吃醋”，大家一定会立刻大笑的。为什么？请你自己到这里找找答案吧！

4.《中国文化欣赏读本》（上、下）

作者：刘谦功、舒燕、于洁

出版单位：北京语言大学出版社

出版时间：2014年

推荐语：

中国最重要的节日有哪些？你可能知道春节，但春节里人们做什么，怎么过，你了解吗？还有，除了春节，中国还有哪些重要节日？这些节日意味着什么？这本书会给你满意的答案。你或许知道中国人都有属相，比如龙、鸡、马等，但你知道这些属相是怎么来的吗？有什么含义？怎么判断哪一年是什么属相？本书都会告诉我们。我们可能知道京剧，喜欢京剧五彩缤纷的脸谱，那京剧的这些脸谱有什么意思？京剧的角色分为几种？还有京剧大师都有谁？看了这本书，我们就知道了。你去过颐和园吗？你去过苏州园林吗？这两种园林有什么不同？它们跟法国园林有什么不同？这里都会给我们做出比较。大家都知道中国人的书法，那书法是怎么写出来的？用什么写出来的？本书也给我们做了说明。还有名胜古迹、餐桌礼仪、茶文化、武术等，如果你想了解，这里都有。除了中文外，书里还配有英文翻译（另有汉法对照版和汉德对照版），让你看起来很方便。本书每个话题的最后，还有各国人的看法和评价，这会为你提供更广泛的视角来理解中华文化。

5.《对话中国·物态文化篇》

作者：张健、董萃、金学丽

出版单位：北京语言大学出版社

出版时间：2013 年

推荐语：

我们都想了解当代中国人怎么生活，怎么工作，爱穿什么，爱吃什么，家庭观念是怎样的，怎样去旅行等。本书从 30 个现实问题出发，讲述中国人在日常生活中的状态，比如，中国人为什么穿唐装？中国人早餐吃什么？中国人为什么那么相信中医、中药？中国人喜欢住什么样的房子？中国的小孩子为什么爱背唐诗？网络如何影响中国人的生活？本书涉及吃、穿、行、住等多个方面，还配有大量的图片，便于理解。中国很大，南方和北方的年夜饭，有的时候不尽相同，你在书中，既可以看到北方人年夜饭中的饺子，又可以看到南方人爱吃的年糕，一目了然。此外，书中每个话题内容大多控制在 1000 字以内，阅读起来不会有太大的心理负担。你不妨试试！

6.《对话中国·心态文化篇》

作者：张健、董萃

出版单位：北京语言大学出版社

出版时间：2014年

推荐语：

凡是跟中国人打过交道的外国人，常常会有些疑惑，似乎总也搞不懂中国人心里到底在想什么。在外国人眼里，中国人不太喜欢微笑。如果你在路上或电梯里，遇到中国人，他们一般也不会跟你打招呼或者向你笑一笑。你看到的脸基本上是无表情的。这是不是说明中国人对外国人不热情？中国人是不是不重感情？其实，了解中国人之后，你会发现，他们很热情，很好客，很关心别人。

本书从30个问题出发，讲述中国人日常生活中所表现出的观念和做法。比如：为什么说中国人是“龙的传人”？中国人为什么这么讲究“吃”？中国人怎么看待金钱？离婚“丢脸”吗？中国人为了什么而努力学习？从回答这些问题的文字中，你就会慢慢了解中国人的所思所想，从而更容易理解中国人的行为方式。书中每个话题内容大多控制在1000字以内，读起来很容易。它是一本帮你了解中国人并理解中国人的好书。

7.《母亲札记》

作者：鲁西西

出版单位：世界知识出版社

出版时间：2006年

推荐语：

这是中国女作家鲁西西教育儿子成长的一部个性案例集。从怀上孩子起，她就开始胎教；孩子一岁时就开始识字、画画儿；孩子四五岁时，她就将孩子送去学国画。后来，孩子在小学三年级时退学回家，由鲁西西和她的丈夫来完成对孩子的教育。孩子的成长，有很多有趣的事，也有很多“麻烦”的事，比如，如何对一个青春期的孩子讲清楚“性”的问题？这在中国是一件很不容易做到的事。但是鲁西西做到了，而且做得很好。书中的很多小故事，既有一般孩子具有的共性，也有作家儿子特有的个性习惯；既有家长的独特教育方式，又有中国当代社会的很多特点。可以说，这本书不仅记录了一个孩子的成长史，也记录了一个母亲与孩子的共同成长史，还记录了中国社会的变化和成长。

8.《向名人的父母学家教》

作者：文予可

出版单位：清华大学出版社

出版时间：2013 年

推荐语：

我们都知道，孔子是大教育家，他的教育思想影响了中国 2000 多年。如果让我们把孔子的教育思想一个一个拿出来学习，你肯定会觉得枯燥。但如果给你讲一讲孔子小时候是怎样被他的母亲教育的，这样的故事你一定爱听吧。不仅仅是孔子，还有很多中国古代的其他名人，如孟子、司马迁、诸葛亮、王献之、祖冲之、孙思邈、欧阳修、司马光、苏轼、成吉思汗、李时珍、戚继光、林则徐等，还有一些现代名人，如詹天佑、蔡元培、李大钊、梁启超、胡适、叶圣陶、傅聪等，这些伟大的人物，有的是思想家，有的是文学家，有的是书法家，有的是科学家，有的是政治家，有的是军事家，有的是教育家，有的是钢琴家……他们都是了不起的人物。那么，他们的父母怎样教育他们？怎样使他们成为对社会有用的人？本书通过一个个故事向我们传达了很多有用的教育思想和教育方法。这些方法，对孩子的教育具有指导性和示范性，让我们很容易了解到这些中国名人的成长轨迹，从而对家庭教育有更深刻的认识和了解。

9.《中国教育跟西方不一样》

作者：王瑞烽、于萍

出版单位：北京语言大学出版社

出版时间：2009 年

推荐语：

中国教育跟西方有什么不同？相信来中国后，你就会看到差别。如果你是一名外国教师，中国学生的具体表现，就会给你留下更深刻的印象。本书中，两位美国教师讲述了中国教育跟西方教育不同的地方。一位建议，若要提高中国学生的英语水平，不要过多考试，或者说只重视考试是不够的，还应该让学生多读，多听，多看，多说。另一位建议，要发挥教师与学生两个方面的创造性，要让教师去选教什么，让学生去思考怎么具有创造力等。此外，本书还介绍了中国中小学的一些情况，以及日本人眼中的北大和清华。书中还介绍了中国家长如何热衷孩子教育，陪孩子学特长。这些情况在国外恐怕是没有的。为什么会出现这种情况？看完书，你就会找到答案了。

这本书的 12 篇文章，谈到了中国教育的一些方面，涉及中小学教育、大学教育、农村教育等。

10.《中国科技和教育》

作者：席巧娟、张爱秀

出版单位：五洲传播出版社

出版时间：2010 年

推荐语：

中国改革开放 30 多年，取得了令人瞩目的发展成果。这巨大的发展，与教育和科技的长足进步是分不开的。要想知道中国政府在教育和科技方面做了哪些正确的决定，制定了哪些英明的决策，有哪些具体的数据，这本书都会给你一个满意的回答。比如，北京大学、清华大学都是国家“211 工程”“985 工程”大学，那么“211 工程”“985 工程”到底是什么意思？有什么样的作用？书里简单明了的解释会令你茅塞顿开。再比如，中国的教育体系是什么情况？小学教育、初中教育、高中教育、大学教育、成人教育和远程教育都有哪些规定和具体措施？这里也可以给你明确的回答。再者，如果你对中国高科技感兴趣，想了解各个地区高新区的特点和发展情况，这里会有清晰的数据和指标。你是不是最想了解自己国家跟中国的科技合作计划有哪些？是的，翻阅一下这本书，它就会给你满意的回答。

11.《中国风土人情》

作者：程麻

出版单位：商务印书馆

出版时间：2008 年

推荐语：

什么是风土？风土就是指土地、山川、河流、气候和物产等自然状况。什么是人情？人情就是指各地人们的生活风俗、饮食风味以及情感方式之类。中国辽阔的土地以及众多的人口和民族造就了其多姿多彩的风土人情。

本书以全方位的设计，把所有能列入风土人情概念的故事，都尽可能的给予展现，给人带来多层次的体验。比如，中国人为什么爱吃？东南西北各地所吃的东西风格有哪些不同？吃与政治、文化有什么关系？我们会看到古代的著名故事，如"庖丁解牛""鸿门宴""望梅止渴""东坡肉""佛跳墙"等。不仅如此，你还可以看到包含一些名菜的菜谱，比如"涮羊肉""西红柿炒鸡蛋""麻婆豆腐"，你会感到很奇妙。再比如，你虽然走遍了中国大地，了解了很多名胜古迹、名山大川等，但是你了解中国人的心理吗？中国人为什么好面子？为什么对平等有很多关注？为什么那么重视自尊？中国人有没有宗教信仰？他们相信什么？本书从古说到今，从春秋战国的"不食周粟""赵氏孤儿"到毛泽东的《别了，司徒雷登》等，让我们了解到中国人的内心思想和活动。除了文字，书中还配有大量的图片，令人印象深刻。

12.《中国文脉》

作者：余秋雨

出版单位：长江文艺出版社

出版时间：2012 年

推荐语：

在当今中国研究中国文化，如果避开这本书，实在可惜。因为它涵盖了中国文化的诸多内容，比如汉字、书法、老子、孔子、《史记》、唐诗宋词、明清小说等，其中的故事和文字丰富多彩，优美流畅，分外动人。最重要的是，作者因为有过亚欧非多国古代文明的考察经历和潜心研究，有着很好的学术视野和学术高度，所下的结论，也就不会随意而牵强，而是严谨而分明。

或许你对汉字感兴趣，就请看看中国学者讲述甲骨文的发现经历，以及那些发现者的故事；或许你对中国的老子或孔子充满敬意，那么这两位大哲学家有着怎样的人生经历和治学风格？在这里你也会有惊喜的发现和收获。说到书法，我不知道还有哪一本书能够把中国历史上著名的书法家的书法特点和风格一一点评得像本书这样到位和精要。不仅如此，书中还有大量的文化故事，这些故事其实包含着中国文化的文明进程，包含着历史与政治，包含着作者的智慧和感情。你会不会对唐代诗人感兴趣？李白、杜甫、白居易这些大诗人的诗或许我们都能吟诵几首，但他们的故事，你听过多少呢？即使听过，有没有这本书讲述得那么热烈和清晰，就不敢说了。况且，还有许多在唐诗史上有名的诗人，在作者的自然评述中，缓缓走来，犹如电影，犹如照片，极具感染力。

好了，还是把阅读的快感留给你吧，请你自己看，自己感受，看看它是不是一本不能略过的书。

13.《中国酒》

作者：李争平

出版单位：五洲传播出版社

出版时间：2010 年

推荐语：

中国有句话是“无酒不成席”，意思是，如果餐桌上没有酒，那么就不算是一场正式的宴席。可见，酒在中国是非常重要的。其实，不只是在中国，在世界众多国家或地区，没有不重视酒的，酒文化在各种文明中源远流长。

本书从酒的发明、酒的历史说起，讲述了黄酒、白酒、啤酒、葡萄酒的酿造情况，以及在中国这四种酒有哪些著名品牌。讲述的过程中，有不少动人的故事。比如，特加饭为什么叫“特加饭”？原来是有一位心地善良的酿酒师傅，常见几个贫苦人家的孩子偷吃摊晒在场上的糯米饭，于是他在做酒时，悄悄多放了几升糯米，时间一长，“加饭”的习惯就保留了下来，结果酿出的酒比以前的品质更好。“特加饭”就是加了特别多的糯米而酿造出来的酒。再比如，茅台酒瓶上有一个仙女捧杯的形象。为什么是仙女捧杯呢？原来，有一年冬天，下了很大的雪，有一个老妇人又累又饿又冷，她敲开一个富人家的门，请求给口饭吃。富人拒绝了她。她又走到一个穷人家，穷人把她请进门，给她饭吃，又让她在家睡觉。老妇人被感动了，趁他们熟睡时，把酿酒的好方法托梦告诉了他们，就趁夜黑走了。第二天，穷人家的人醒了，发现那位老妇人不见了。他们按照老妇人教的方法去酿酒，果然酒的味道好极了。后来他们才知道那位老妇人其实是仙女变的。因此，茅台酒的瓶子上就画了仙女捧杯。类似这样有趣的故事还有很多，我们可以在了解中国酒类品种时，读到不少动人的故事。

在中国，人们有哪些喝酒的风俗和讲究？少数民族有哪些喝酒的习惯？当代中国人喜欢在哪里喝酒？进口酒在中国受不受欢迎？这本书都讲到了。你若想深度了解中国人和中国酒文化，不妨看看这本书，对你一定有帮助。

14.《舌尖上的中国》（第一季、第二季）

导演：陈晓卿

出品：中央电视台

出品时间：2012、2014 年

推荐语：

如果你是一个爱吃的人，并且对吃的东西充满好奇，特别是当你来到中国，在大街上或饭馆里，吃到各种各样的美味时，有没有一种想了解它们的冲动？如果有，并且很强烈，那么就请你来看看《舌尖上的中国》吧。在这里，你会看到你熟悉的美味，还能看到中国美丽的山川、江河、湖海。新疆、西藏、青海或者云南，你可能还没去过，但这部纪录片已经给你介绍了那里的美食，以及美食的材料、烹制的方法等。或许，你对去深海打鱼的渔民充满好奇，这部纪录片也会给你介绍。就是说，从东到西，从南到北，中国的美食，这里都会尽可能地给你介绍，让你对中国美食有一个全面而深刻的感受。此外，奇特的地理环境，迷人的风光，当地人的风俗，优美的音乐，标准的普通话画外音介绍以及字幕，都给你带来十分美好的体验。这部纪录片深受中国年轻人的欢迎，许多年轻人是在惊喜和眼泪中看完这部纪录片的。

两季纪录片各七集，一共十四集。你可以选择你喜欢的部分看，也可以一集一集地看，你可以在 CCTV、爱奇艺等网站上观看，十分方便。

15.《我爱我家》

导演：英达

出品：中国国际文化艺术中心

出品时间：1993、1994 年

推荐语：

《我爱我家》一共 120 集，每集 25 分钟左右，展现了一个中国家庭在上世纪 90 年代初的生活情况。剧中主要人物有七位：一位退了休的领导老傅，他的大儿子和儿媳，他的孙女，他的二儿子和闺女，保姆。故事反映了那个时代中国人生活的方方面面，也反映了一个中国家庭人与人之间的关系。因为是家庭情景喜剧，所以剧中的对话十分口语化，对想听一口和说一口漂亮北京话的人来说，实在是一部好作品。同时，又因为每一集时间不长，我们可以每天看一集，不需要花太多时间，就可以好好练习听力和口语。在提高听力和口语的同时，还能了解中国文化，看北京人怎么做事，怎么做人，以及邻居、朋友、同事、家人之间是怎么处理彼此关系的。这部电视剧云集了中国许多著名演员，我们可以在这里看到他们的青春岁月和美丽容颜。

2014 年，作家郑猛书写的《我爱 · 我家》，由新星出版社出版。该书详细记录了这部电视剧创作时台前幕后的故事。如果你对电视剧感兴趣，不妨看看这本书，也许会对你了解剧情、了解中国社会的发展变化有一定的帮助。

你可以在优酷网观看整部电视剧。

16.《家有儿女》

导演：林丛

出品：北京电视台

出品时间：2004 年

推荐语：

《家有儿女》分上、下两部，各 100 集，每集 25 分钟左右。这部电视剧说的是一个重组家庭的故事。男主人公夏东海，从美国回来，跟前妻离婚后，带着一个女儿和一个儿子，他跟女主人公刘梅重组了家庭，而刘梅也有一个儿子。三个孩子，两个家长，一个爷爷，一个姥姥，展开了一系列的故事。在这些故事中，我们可以看到中国孩子的可爱、调皮、聪明、好玩，也可以了解到中国家长教育孩子的思想和方法，以及当代中国家庭的状况。想了解当代中国人的生活，这部电视剧可以给你提供一个很好的机会。

此外，这部电视剧还出版了一套教材，共三册，配光盘。这套教材选出《家有儿女》中的 12 集，做成 12 课。每课设有热身问题、课文、词语表、语言点例释、文化点滴、练习等六部分，作者刘立新、邓方，世界图书出版公司 2010 年出版。

17.《走进中国百姓生活》（上、下）

作者：刘月华、刘宪民、李金玉

出版单位：世界图书出版公司

出版时间：2006 年

推荐语：

这两册书，一共10课。每一课由一集30分钟左右的电视剧组成。这些电视剧反映的都是上世纪90年代，也就是改革开放以后，普通中国人的生活。这里有国营工厂工人的生活情况，有个体户开饭馆的情况，有农民工进城打工的故事，有青年知识分子的生活，有大学教授的情况，还有犯罪人员家属的故事，等等。这些故事内容虽然有些已经显得陈旧，但在这些看起来过时的生活中，我们仍能找到中国文化特有的现象。我们从中可以了解到夫妻感情、家庭亲情，以及邻里关系、同事关系等人际关系，了解普通中国人的想法和做法。它对我们感知中国，感知中国人，会有很大的帮助。同时，由于它是针对留学生的视听教材，练习丰富，内容简单明了。每课都有英文注释，使用起来十分方便。想了解普通中国人的生活，就从这套教材开始吧。

18.《中国百姓身边的故事》（上、下）

作者：刘月华、李金玉、刘宪民、葛良彦

出版单位：世界图书出版公司

出版时间：2008年

推荐语：

百姓，就是普通人。这套教材说的是中国的普通人的普通事，吃饭、穿衣、买菜、做饭、工作、游玩，这些故事都是反映普通中国人的日常生活情况，而且是2000年以后发生的故事。很明显，这里所展现的中国人的生活状况，与上个世纪90年代相比，发生了很大变化。当然，与现在相比，它还是相差很大，但毕竟是中国人的生活，中国人的事。看起来是一件事，但它反映了中国文化、中国风俗、中国人的理念、中国人的变化等。你可以感受到，传统与现代思想，在中国人的生活中好像两条线索和谐地向前伸展，你既可以感受中国人的传统思想和做法，又可以感受世界其他文明对中国人日常生活的影响。

本套教材共两册，配有光盘。每课一集电视故事，时间大约5分钟。除了故事，还配有相应的生词、课文、语法注释、练习等。它对你练习汉语听说，提高汉语听说能力，会有不小的帮助，同时，让你在美的享受中，了解中国文化和中国人。

19.《中国人的故事》（上、下）

作者：余宁、张斌、陈晓燕

出版单位：北京语言大学出版社

出版时间：2009年

推荐语：

学习一种语言，不了解使用这种语言的人，怎么行？对于想学好汉语的人来说，中国人的故事不能不了解，不能不看。古代中国人的故事，年轻人可能不会太喜欢。他们更想了解的，应该是当代中国人，也就是现在的中国人。现在的中国人，他们喜欢做什么？日常生活是怎样的？在这套视频教材中，我们可以清清楚楚地了解到。中国的中老年女性喜欢跳舞，一些老年男性喜欢书法、喜欢放风筝。中国的年轻人喜欢健身，健身已经成了年轻人的时尚。中国的服装设计师设计的服装，已经走向世界，开始引领中国人乃至西方人的服装时尚。中国的文化人，可以拥有自己的博物馆，而且越来越多的私人博物馆在中国兴起，这些文化人怎样将历史与现代连接起来？故事给了我们一个清晰的展现。城里人生活得很精彩，农村人呢？农村人同样有着美丽的梦想，他们在城市里赚钱，然后梦想着在城里或者自己的家乡，买上一套属于自己的房屋。许许多多的中国人，都在精彩地生活着，都在为自己的中国梦奋斗着。

本套教材共两册，配有光盘。每一课一集电视故事，时间大约10分钟。除了故事，还配有相应的生词、课文、文化导航、语言注释等。这套完全体现当代中国人生活的视频教材，就好像将一大群鲜活的中国朋友介绍给你，认识他们，你就认识了当代中国，看看，是不是这样？

二、语言民族

序号	作品名称	作者 / 编者	出版单位	出版时间	建议级别
1	中国有56个民族	郑茜	北京语言大学出版社	2013	4
2	中国古代经典名句英译	刘士聪、谷启楠	商务印书馆	2012	4
3	中国的民族与宗教	郑茜	五洲传播出版社	2010	6
4	汉语风——中文分级系列读物（第1级）	刘月华、储诚志	北京大学出版社	2008	3
5	汉语风——中文分级系列读物（第2级）	刘月华、储诚志	北京大学出版社	2009	3
6	汉语风——中文分级系列读物（第3级）	刘月华、储诚志	北京大学出版社	2011	3
7	汉语分级阅读（1~3）	史迹	华语教学出版社	2007–2009	5
8	我在中国的那些日子（1~2）	方玲	北京语言大学出版社	2008、2009	3
9	从“一窍不通”到“胸有成竹”	彭志平	北京语言大学出版社	2008	4
	从“坐井观天”到“鹏程万里”	彭志平	北京语言大学出版社	2009	4
10	中国人有趣的实话实说	王瑞烽	北京语言大学出版社	2009	4
11	中国人喜欢跳舞	王瑞烽	北京语言大学出版社	2009	4

序号	作品名称	作者 / 编者	出版单位	出版时间	建议级别
12	我当上了中国女婿	王俊毅、王瑞烽	北京语言大学出版社	2009	4
13	砍价是一种享受	于萍、王俊毅	北京语言大学出版社	2009	4
14	我是世界上最幽默的人	甘宗铭	北京语言大学出版社	2010	4
15	中国的“负翁”越来越多	于萍	北京语言大学出版社	2009	4
16	中国历代笑话精选（1~4）	柳间亭、李焕武等	华语教学出版社	1991	4
17	通古博今学汉语丛书（1~4）	尹斌庸、韩晖等	华语教学出版社	1999	4
18	趣味汉字	陈火平	新世界出版社	2011	4

1.《中国有56个民族》

作者：郑茜

出版单位：北京语言大学出版社

出版时间：2013年

推荐语：

中国有多少个民族？他们长什么样？穿什么样的衣服？住在什么样的房子里？在南方还是北方？他们说什么样的语言？用什么样的文字？中国人口最多的民族是哪个？人口最多的少数民族是哪个？中国的哪个省少数民族最多？中国政府的少数民族政策主要是什么？……

这本小册子一一为你解答这些问题。有趣的图片、清晰的地图、简短的文字、启发性的思考题等，会让你阅读起来就像看电视，看电影，跟朋友聊天。好看，轻松而愉快。如果你以前还一点也不了解中国各个民族的话，看完这本书，你就会对此有一个比较完整的了解。它是你了解中国民族特色的第一本书，不可不看。

2.《中国古代经典名句英译》

作者：刘士聪、谷启楠

出版单位：商务印书馆

出版时间：2012年

推荐语：

中国是一个文明古国，有着5000年的文明史。在悠久的历史中，中国形成了自己的思想、文化、智慧。怎么做人？怎么对待朋友？怎么对待他国？在有困难的时候怎么前行？怎么养生？怎么治理国家？中国的文学艺术有哪些特点？这里的名句给了我们很好的解答。在道德方面，比如“德不孤，必有邻”，意思是有道德的人不孤单，一定有人与他同行。“上善若水”，意思是具有完善品格的人，像水一样利于万物，而不求回报。再比如，在做人诚信方面，有“言必信，行必果”，意思是自己说过的话，一定要做得到，不能只说不做，否则就违背了信用。还有领导人的品行，应该是“先天下之忧而忧，后天下之乐而乐”，意思是作为政治家，应该在老百姓忧愁之前先忧愁，在老百姓享乐之后才享乐。

我们从书中可以了解中国人的智慧与文化，还可以通过吟诵记住这些名句，在以后的说话和写文章中加以利用，真是一举多得！除此之外，还有英语翻译为你扫清阅读障碍，真是再好不过了。

3.《中国的民族与宗教》

作者：郑茜

出版单位：五洲传播出版社

出版时间：2010 年

推荐语：

一提起中国的少数民族，你会想到什么？是他们的能歌善舞，还是他们的真挚淳朴？是他们居住地的优美纯净，还是他们传统的生活方式？是他们独特而悠久的历史，还是他们在当代中国背景下的生存方式？他们跟汉族人的关系如何？中国政府如何对他们进行管理？或许，这些问题都是你想知道的。那么，来看这本书吧。它的内容几乎包括了上述所有问题，而且还很生动，很有说服力。生动，是因为它的故事性，每讲到一个民族，都会有一个动人的故事向你诉说曾经的历史事件；说服力，来自于作者大量的文献数据和实地调查。作为一个20多年来一直关注少数民族问题调查和研究的记者，她的故事及事实的可靠性是相当高的，而且由于她大量引用了西方学者的研究成果，因此本书的视野也很开阔，具有世界意识和世界高度。看看她的目录吧，“是Nationality，还是Ethnic group？”“中国少数民族人口面面观”“中国少数民族区域自治制度”“中国少数民族文化及其保护与发展”“中国少数民族经济”“中国人的宗教信仰”。是不是很有吸引力？在我看来，这些大题目之下的细节，更是令人难忘和过瘾。不信，看看就是了。

4.《汉语风——中文分级系列读物》(第1级)

主编：刘月华、储诚志

出版单位：北京大学出版社

出版时间：2008年

推荐语：

当你只会300个汉语基本词，你可不可以看懂长达几万字的汉语书？回答是：可以。真的可以吗？真的可以！这套中文系列读物，是专为掌握300个汉语常用词的学习者提供的。内容也很有趣，它有六本书，分别是《错、错、错！》《你最喜欢谁？》《两个想上天的孩子》《向左向右》《我可以请你跳舞吗？》《我一定要找到她》。

《错、错、错！》是破案小说，你会跟着警察一步一步猜测到底谁是真正的凶手。

《你最喜欢谁？》是年轻人的恋爱故事。一个男青年和两个女青年谈恋爱，到底最后男孩子跟谁好了？为什么会这样？这本书会给你最后的结果。

《两个想上天的孩子》是说一个小男孩和一个小女孩，因为听了牛郎织女的故事，而想坐飞机去看牛郎织女。他们经历了很多事情，遇到了很多人，有好人，有坏人，最后，他们终于坐上飞机，去“看”牛郎织女了。

《向左向右》是讲两个连体男孩的故事。爸爸妈妈也不知道他俩谁是哥哥，谁是弟弟。他们每天都一起起床，一起吃饭，一起玩，很快乐。有时候，弟弟病了，哥哥帮他吃药，弟弟的病就好了。不过，去学校上课的时候，两个人在一起就不方便了。

《我可以请你跳舞吗？》其实跟跳舞没有太大的关系，它是一个跟破案有关的故事，说的是在银行任部门经理的高亮，被别人陷害，说他拿走了银行的一千万元钱。在恋人方小英的帮助下，他逃脱了警察的追捕，用各种办法洗清了自己的冤屈，最终抓住了坏人，与自己的恋人团圆了。

《我一定要找到她》说的是三个外国大学生受老师的委托，去找在云南山区当老师的漂亮女孩吉玛。他们都被女孩子的美丽所吸引，都想成为她的男朋友，为此，发生了很多好玩的故事。那么谁成了吉玛的男朋友？请看小说吧。

这套系列教材有英语注释，有练习题，有参考答案，它可以帮助我们迅速查出生词，又可以检查我们有没有读懂这些内容，而且这些故事都反映了中国当代生活情况。我们学习了汉语，又了解了中国人的生活，真是一举两得。另外，每个故事还配有光盘，你不仅可以看故事，还可以听故事。

5.《汉语风——中文分级系列读物》(第2级)

主编：刘月华、储诚志

出版单位：北京大学出版社

出版时间：2009年

推荐语：

当你只会500个汉语基本词，你可不可以看懂长达几万字的汉语书？回答是：可以。真的可以吗？真的可以！这套中文系列读物，是专为掌握500个汉语常用词的学习者提供的。内容也很有趣，它有七本书，分别是《电脑公司的秘密》《我家的大雁飞走了》《青凤》《如果没有你》《出事以后》《一张旧画》《妈妈和儿子》。

《电脑公司的秘密》是说年轻人创业的事，与我们熟悉的中关村有关。

《我家的大雁飞走了》是说人与动物之间的故事。从故事中，我们会了解到大雁生活习性中许多令人感动的细节，从而更加爱护这些可爱的动物。

《青凤》是一个人与鬼怪的故事。一个青年男子爱上了一个青年女子，可是这个女子和她的家人都是狐狸变的，狐狸和人怎么能生活在一起呢？那就看看这本书吧，看看最后他们是怎么生活在一起的。

《如果没有你》是一个小偷和一个音乐学院的学生之间的故事。这个叫黄小明的小偷，因为认识了纯洁可爱的姑娘夏雨，而决心重新做人，成为夏雨的男朋友。

《出事以后》是说一个姓王的女老师被人撞倒后，有一个司机救了她，把她送进了医院。司机因为怕别人说是他撞的，所以送到医院以后他马上离去。但是，巧的是，司机的爱人在医院做护工，恰好就是照顾王老师的人。司机知道后，马上来到医院，向王老师道歉，而王老师说："哪里要道歉？您是救我的人，我还得感谢您呢。"

《一张旧画》说的是在废品站工作的小伙子傻小，无意中拾到一张名画，名画被一些人看中，大家都想买，甚至有人还想偷。但因为画的主人是一个非常善良的老人，傻小很爱她，他不想在老人生病的时候，把这幅画卖给别人，所以一直好好保存着，直到老奶奶病好了，才把这幅画交给她。可是，老奶奶告诉他，这幅画其实并不是名画，而是一幅很像真画的画而已。

《妈妈和儿子》是说一对母子发生了一场争吵，于是儿子离家出走了。在离家出走的两年中，儿子一直在外打工，遇到了很多困难，母亲为了等儿子回家，不敢出门旅游，不敢跟亲朋好友聚会，不敢换电话号码，不敢搬家，等等。终于在两年后，儿子回家了，与母亲团圆了。

这套系列教材有英语注释，有练习题，有参考答案，它可以帮助我们迅速查出生词，又可以检查我们有没有读懂这些内容，而且这些故事都反映了中国当代生活情况。我们既学习了汉语，又了解了中国人的生活。另外，每个故事还配有光盘，你不仅可以看故事，还可以听故事。

6.《汉语风——中文分级系列读物》（第3级）

主编：刘月华、储诚志

出版单位：北京大学出版社

出版时间：2011 年

推荐语：

当你只会 750 个汉语基本词，你可不可以看懂长达几万字的汉语书？回答是：可以。这套中文系列读物，是专为掌握 750 个汉语常用词的学习者提供的。内容也很有趣，它目前有三本书，分别是《第三只眼睛》《画皮》《留在中国的月亮石雕》。

《第三只眼睛》是一个警察抓小偷的故事。这个故事发生在飞机上，接连发生了多起盗窃事件，这让警察周天分外震惊。他制订了周密的排查计划，终于发现了两个嫌疑人。在进一步的调查中，周天才得知其中一个"嫌疑人"并不是盗窃者。不仅如此，"嫌疑人"还帮助周天拍下了犯罪者的罪证。最后，在"嫌疑人"的帮助下，周天终于逮住了犯罪者。

《画皮》是中国家喻户晓的鬼怪故事，说的是一个书生爱上了一个鬼怪变成的女子，但他并不知情，把那个女子接回自己住的地方一起生活，不曾想这个女子是靠吸他的血而活。这样的情况被一个道士发现，他极力劝说书生把那个女子赶走。书生有一天突然回家，果然发现她是一个披着人皮的鬼怪。书生吓坏了，赶紧去找道士帮忙，道士给了他一个拂尘，见到拂尘，鬼怪就不敢靠近了。书生拿着拂尘回了父母家，鬼怪赶来，知道自己被发现了，恼羞成怒，扑过去就把书生的心挖走了。书生的妻子经过很多苦难，终于把心要了回来，放回书生的身体里，书生活过来了，重新跟妻子和家人好好过日子。

《留在中国的月亮石雕》说的是海外华人白秋树留在家里几十年的石雕里藏着金条，主人一直想把金条捐献给国家，但经过了数次战争，没能捐成，后来游走海外，就一直没有机会实现自己的愿望。几十年过去了，白秋树把这件事交给了自己的孙子白春水来完成。经过很多周折，白春水终于找到了这个石雕，完成了爷爷的心愿。

这套系列教材有英语注释，有练习题，有参考答案，它可以帮助我们迅速查出生词，又可以检查我们有没有读懂这些内容，而且这些故事都反映了中国当代生活情况。我们学习了汉语，又了解了中国人的生活，真是好极了。另外，每个故事还配有光盘，你不仅可以看故事，还可以听故事。

7.《汉语分级阅读》(1~3)

作者：史迹

出版单位：华语教学出版社

出版时间：2007—2009 年

推荐语：

一般说来，要想读懂中文小说，大约需要掌握 3000 至 5000 个汉语常用词，而要达到这些词汇量，大约需要一年半至两年的学习时间。那么，是不是没有这些词汇量的初级学习者或中级学习者，就无法读懂中国的小说了？那倒不是，因为有一些人已经为我们想到了这一步。这套汉语分级阅读，就给我们提供了这样的机会。

《汉语分级阅读》共计三本。

《汉语分级阅读 1》是给汉语词汇量在 2000 个左右的读者编写的。这本书为我们呈现了苏童、王怀宇、裘山山、徐坤、莫言、余华六位著名作家的作品，分别是《人民的鱼》《公园里发生了什么？》《春天的一个夜晚》《早安，北京》《冰雪美人》《爱情故事》。这一篇篇小说，讲的都是当代中国人的故事，你会从这些故事中，了解中国社会的变化，也会了解一些人情世故。

《汉语分级阅读 2》是给汉语词汇量在 3000 个左右的读者编写的。这本书为我们呈现了周大新、毕淑敏、梁晓声、刘庆邦、谢竟运五位著名作家的作品，分别是《浪进船舱》《不会变形的金刚》《讹诈》《遍地白花》《校园三曲》。改革开放使得中国发生了翻天覆地的变化，中国人的生活也随之变化，在种种变化中，人性的美与丑都在故事中一一展现。这五部作品从不同角度为你展现了中国人生活的不同方面，你会跟着里面的主人公，一起笑，一起哭，一起思考。

《汉语分级阅读 3》是给汉语词汇量在 1000 个左右的读者编写的。这本书为我们呈现了张洁、高晓声、陈忠实、迟子建、范小青、程树榛五位著名作家的作品，分别是《谁生活得更美好？》《陈奂生上城》《夜之随想曲》《雪窗帘》《城市简史》《故乡的雨》。这些故事从不同侧面展现了中国城市与农村在改革开放后的种种变化，爱情、社会、农村人、城里人、有钱人、没钱人在生活中的表现，真实与虚假、美好与丑恶的人性特点，都会给我们带来很多有益的体验和思考。

三本书都有英文的故事梗概、生词注释，配有拼音，读起来十分方便，书后有思考题，帮助你理解这些作品。如果想听录音，书上还附有光盘，十分方便。

8.《我在中国的那些日子》(1~2)

作者：方玲

出版单位：北京语言大学出版社

出版时间：2008、2009 年

推荐语：

不同国家的人，学习汉语的难点和特点会不同；不同文化的人，看中国的眼光和角度也会不同。你想不想了解来自 15 个国家的 20 个留学生讲述有关在中国留学的故事？并且你只要掌握 500 个汉语常用词，就能读懂这些有趣或感人的故事。如果你怕你的读音不准确，或者你想练习朗读，课文还有拼音，帮你解决这些问题。课后还有练习，你可以看一看，也可以写一写，让你的朋友或老师看看，你是否理解得对。

这里有埃塞俄比亚学生写的《离家的时候》，有瑞典学生写的《我第一次来中国》，伊朗学生写的《我就在中国不走了》，印尼学生写的《我为什么爱北京》，俄罗斯学生写的《我理想的工作》，韩国学生写的《我们的好班长》《一件有趣的事》，刚果（金）学生写的《“纸火车笔”的笑话》，英国学生写的《中国菜又好吃又有趣》，尼泊尔学生写的《坐公共汽车的经历》，意大利学生写的《在火车上了解中国人的习俗》，澳大利亚学生写的《中国人特别爱孩子》，日本学生写的《这件事我永远忘不了》，越南学生写的《中国学生真刻苦》，贝宁学生写的《一位走出村庄的农民》，还有缅甸、葡萄牙、美国等国学生写的文章。从他们的文章中，你既能了解中国，又能了解不同国家留学生的具体感受，一定很有趣。

试试吧，或许你能找到跟你的感觉相同的文章呢。

9.《从“一窍不通”到“胸有成竹”》《从“坐井观天”到“鹏程万里”》

作者：彭志平

出版单位：北京语言大学出版社

出版时间：2008、2009 年

推荐语：

成语是汉语中不可分离的组成部分，学好并运用好它，标志着一个人汉语水平达到了一定的高度。汉语中的成语，大多有成百上千年的历史，它们有的来自古代故事，如“一窍不通”“一鸣惊人”“邯郸学步”“三顾茅庐”等；有的来自《论语》，如“一日三省”“言而有信”“患得患失”“见义勇为”等；有的来自司马迁的《史记》，如“指鹿为马”“先发制人”“四面楚歌”“网开一面”等；有的来自唐诗，如“风花雪月”“柳暗花明”“百尺竿头”“背井离乡”；有的来自宋词，如“怒发冲冠”“万紫千红”“柔情似水”“无可奈何”；有的来自明清小说，如“天造地设”“自由自在”“泪如雨下”“丢三落四”“人来人往”。

10.《中国人有趣的实话实说》

作者：王瑞烽

出版单位：北京语言大学出版社

出版时间：2009 年

推荐语：

这本书有趣，是因为它都是由外国人来写中国人的。中国人看中国人，是一种角度；外国人看中国人，肯定就不会跟中国人完全一样了。《中国人爱和老外合影》《中国姑娘腿真直》《中国男人开始爱打扮了》《中国人还是爱喝茶》《我比北京人个子高》《上海女性很能干》《中国人很能吃苦》《中美父母的不同》《我跟河南人交朋友》等，光这些题目，是不是就让你有想看看的冲动？再看内容，同样有趣。比如，中国男人开始爱打扮了，怎么爱打扮？他们开始用洗面乳洗脸了，开始购买并使用香水了，开始去美容院做美容了……这在以前都是不可能的。

至于中国人爱喝茶的事，这里用了一个“还是”，意思是经过比较，中国人终于又回到了爱茶的习惯上了。中国是茶的故乡，喝茶的习惯有上千年的历史了。尽管在近代或现在，年轻人喜欢喝咖啡了，但是随着经济水平的提高，人们开始回归自己的传统，在中国不少地方，都有茶博物馆或茶院，茶道知识的普及也越来越流行。

本书共有 13 个故事，课文旁边都有拼音，还有生词英文翻译，读起来很方便。

11.《中国人喜欢跳舞》

作者：王瑞烽

出版单位：北京语言大学出版社

出版时间：2009 年

推荐语：

中国人喜欢跳舞吗？的确，你们可能看到过不少城市里的老年人早上或晚上在广场上、公园里跳舞，他们为什么那么喜欢跳舞？第一，可以锻炼身体；第二，可以认识不少朋友，不寂寞；第三，这样的锻炼方式很方便，也不用花钱。这又是一本外国人看中国的集子。收录了 13 篇文章，分别是《圣诞节在中国流行》《洋快餐在中国》《中国人喜欢跳舞》《中国人的休闲生活》《汽车影院火北京》《“哭吧”在中国受欢迎》《心理咨询在中国热起来》《中国谈不上西化》《瑞士人重新认识中国》《中国的变化让瑞士大妈吃惊》《国庆黄金周几万对结婚》《不育，不再羞耻》《越来越多的中国人领养孩子》。这些看起来有些不一般的题目，的确让人眼前一亮，有些兴奋。我们看到过“咖啡吧”“网吧”“书吧”“氧吧”，但很少看到“哭吧”吧，这不，我们就从中了解了这一内容。

本书附有拼音以及生词英文翻译，便于朗读、阅读。

12.《我当上了中国女婿》

作者：王俊毅、王瑞峰

出版单位：北京语言大学出版社

出版时间：2009 年

推荐语：

如果你对中国人的爱情婚姻感兴趣，那么看看这本书吧。这本书里的爱情婚姻故事都是当代中国人的现状。比如《爱要四舍五入》《把爱情种成白菜》《中国式的“罗曼蒂克”》《我当上了中国女婿》《中国人结婚更自由了》《中国人注重结婚仪式》《年轻人流行试婚》《老年人不愿意再结婚》《三秒钟可以爱上一个人》《杭州父母替儿女相亲找对象》《中国城市白领结婚难》《上海人离婚不再羞羞答答》《婚姻状况是不是隐私》《职场存在“已婚歧视”吗？》。14个故事，从不同方面对中国人的爱情婚姻做了全方位的描述，有的好，有的还值得商榷，比如“闪婚”。还有一些现象是中国独有的现象，比如父母替儿女相亲找对象，看起来实在有趣。

本书附有拼音以及生词英文翻译，便于朗读、阅读。

13.《砍价是一种享受》

作者：于萍、王俊毅

出版单位：北京语言大学出版社

出版时间：2009年

推荐语：

想足不出户就了解中国人的生活吗？那就打开这本书，看看生活中的中国人是怎样的一种状态。一个常常做伴娘的姑娘，怎么看婚礼？一句什么样的话让她温暖了很久？一个原先可爱、后来当上官以后变得不可爱的姑娘的故事，令人感慨万分。一张假钞，可以看出两个人是不是相互信任。一个爱砍价的女子，可以从中得到很多快乐，这个你可知道？英国有个“洋雷锋”，他和雷锋有什么相同，有什么不同，你可知道？一个100岁的阿婆还在卖凉茶，是什么让她那么健康、精神？孩子们眼中的爱是什么？什么是幸福？什么是父母之爱？这里都有很精彩的描写和表述。

本书附有拼音以及生词英文翻译，便于朗读、阅读。最值得提醒的是，文章有浓浓的爱，很美！

14.《我是世界上最幽默的人》

作者：甘宗铭

出版单位：北京语言大学出版社

出版时间：2010 年

推荐语：

到一个国家学习或生活，免不了会遇到与自己国家文化或习惯不一样的地方，有人叫它思维方式。在德国，开会早到的人，一定会坐在前排，而在中国，开会早到的人，一般会选择坐后排。为什么呢？这可能跟中国的自谦文化有关。一般坐在前边的人，多是领导或重要人物。如果你坐得太靠前，显得自己很重要或跟领导一样，这会让自己很不自在。因此，到得早的人，一般会谦虚地选择后排坐下。再比如，在中国，成年人陪母亲去买东西，一般会主动为妈妈买单，不会让妈妈自己付钱。但是在纽约，这样的情况就很少发生，即使是妈妈和儿女一起去购物，也是各买各的，谁都不会为谁买单。另外，在孩子的教育上，中国和西方的差异也比较大。在中国，父母见了孩子，一般会问：“今天的作业做完了吗？”西方的父母也许会问：“今天跟小朋友玩得愉快吗？”在中国，父母很在意学习成绩，如果你在成绩之外做了一件事，失败了，父母会抱怨：“看吧，我说不要分心，要好好学习。你就不听，现在失败了，后悔了吧？”如果换了西方的父母，也许他们会说："好的，忘掉它吧！这次失败并不意味着下次一定失败。"类似这样的差异，本书还有很多介绍。

这本书共有 11 个故事，既有外国人在中国的故事，也有中国人在外国的故事，尤其是最后一个故事，真的很幽默。

15.《中国的"负翁"越来越多》

作者：于萍

出版单位：北京语言大学出版社

出版时间：2009 年

推荐语：

"富翁"与"负翁"发音完全一样，但汉字却不相同。前者是指很有钱的人，后者是指负债的人。负债做什么？买房，买车。在中国，越来越多的年轻人，选择从银行贷款买房，买车，他们可能需要还 15 年、20 年，甚至 30 年的贷款，他们认为这是可行的办法。在中国，中产阶级逐步形成，在 IT 界工作的科技人员、媒体人员、医生、律师等，成为城市白领，与此同时，农村人进城打工，继而变成城市人，也使得城市人口急剧增加，城镇化比率在逐年提高。本书中有五篇故事，都是讲农村发生变化的情况，对我们了解中国现状会有很大的帮助。

这本书共有 13 个故事，8 个说中国城市人的情况，5 个说中国农村人的情况，是一本全面了解中国人的好书。

16.《中国历代笑话精选》(1~4)

作者：柳间亭、李焕武等

出版单位：华语教学出版社

出版时间：1991 年

推荐语：

中国有五千年的悠久历史，漫长的历史中曾留下了很多笑话。这些笑话富于中国特色，反映了当时的历史原貌，比如私塾、县官、衙役、财主、地主、书生、仆人、银子、金子等，这些词语在当今社会已经很少用了，只是在讲过去的故事时，才用得上。尽管如此，我们看一看，也是挺有趣的。第一，这是古代的事，如果你想了解古代人的一些事，这里可以给你提供一些内容，你在读这些故事的时候，还可以随之想象那个时代的人的生活情况、思想情况、家庭情况、感情情况等。第二，这是笑话，既然是笑话，它一定有令人发笑的内容，你在笑的同时，又学习了汉语，这不是挺好的事吗？第三，每篇故事的生词，书里都有注释，还配有英文翻译，在你不懂的时候，可以查阅、翻看，不会影响你的阅读速度和阅读兴趣。第四，故事短小精悍，大多在 100 个字左右，容易阅读，容易记住，没有太多记忆负担。举个例子吧，比如第三册的《让小偷关门》："从前有个小偷，某天夜里到一户人家去偷东西。他进屋摸了大半天，没有发现一件东西可偷，只好打开门朝外走。小偷刚迈过门槛，主人便在床上大声喊道：'那汉子，你给我关上门再走！'小偷回过头来，没好气地说：'你怎么这样懒，难怪你家里什么东西也没有！'"100 多个汉字，却讲清了一个笑话，故事内容完整，段落连接分明，真的不错！像这样的故事，还有很多，你可以一个一个地看。最后，你一定会用汉语讲故事了，因为这些故事的结构，你已经了解得分外清楚了。不信，试试吧。

17.《通古博今学汉语丛书》(1~4)

作者：尹斌庸、韩晖等

出版单位：华语教学出版社

出版时间：1999 年

推荐语：

这套丛书共四册，精选汉语中最有价值的、常用的、表现力强的成语、谚语、歇后语、典故各 100 个，每个词语都配有英文翻译，还附有图画，难词配有中英文注释。每个词语都配有汉语拼音，利于学生准确读出。

成语一般是四字词，比如，“画蛇添足”“班门弄斧”“草木皆兵”“老马识途”等，这些成语大多有故事，与中国古代历史文化息息相关。比如“班门弄斧”里面的“班”，指鲁班，是中国大名鼎鼎的古代人物，他发明了很多工具，比如锯、伞、风筝，还有很多建筑的方法，被中国人称为木匠的祖师爷。如果一个人到鲁班家门口展示自己的木工手艺，就会被人笑话了。这个成语比喻在行家面前展示本领。举个例子吧，你会打太极拳，如果遇到一个教太极拳的老师，你就要说：“不好意思了，在您面前班门弄斧了。”

关于典故，它基本上来自于古代的历史故事。它不像成语那样整齐，可以有两个字、三个字、四个字、五个字，甚至六个字、七个字、八个字。比如“问鼎”“逐客令”“约法三章”“苛政猛于虎”“顾左右而言他”“不为五斗米折腰”“明修栈道，暗度陈仓”。每一个词语都有古代故事。比如“问鼎”，说的是公元前 606 年，楚国军队在一次战争中进入周王统治的国土。周王派了一个官员去慰问楚王，楚王想知道那象征王权的九个鼎的重量和大小。这位官员回答说：“周王朝虽然已经衰弱，但是上天给它治理国家的任命并未改变，所以关于鼎的情况是不能问的。”后来人们用“问鼎”来比喻想夺取政权或力争在某个领域取得最高荣誉或地位。

关于谚语，它一般从人们长期的生活实践中而来，大多是人们对生活经验的总结和教训，比较口语化，比较活泼。词语比较多，句子比较长。比如“吃一堑，长一智”“儿不嫌母丑，狗不嫌家贫”“路遥知马力，日久见人心”“平时不做亏心事，半夜敲门心不惊”“远亲不如近邻”等。“吃一堑，长一智”就是说，受了一次挫折之后，人会变聪明，不会再犯同样的错误了。“远亲不如近邻”说明邻里关系很重要，有的时候它甚至胜过与亲戚的关系。

关于歇后语，我们说它实际上就是俏皮话。它一般由两部分组成，第一部分是比喻，第二部分是意思。有的时候，说话人只说第一句，第二句由听话人来完成，或者领会，从而令人感觉开心、好玩。它完全是口语，十分幽默。比如，“肉包子打狗——有去无回”“老鼠过街——人人喊打”“老虎的屁股——摸不得”“茶壶里煮饺子——倒不出来”“热锅上的蚂蚁——团团转”等。怎么用呢？比如，“茶壶里煮饺子——倒不出来”，一般是说，一个人心里很有学问，可是嘴上说不出来。如果你的作文写得很好，汉字写得很漂亮，但是一旦让你说说，你就紧张，说不出来。这时候你就说：“哎呀，我这是‘茶壶里煮饺子——倒不出来’呀！”

18.《趣味汉字》

作者：陈火平

出版单位：新世界出版社

出版时间：2011 年

推荐语：

汉字难吗？很多留学生都会说，汉字太难，记不住。为什么记不住？原因可能很多，但有一点，可能大家没注意到，那就是留学生常常会把汉字看成一个整体，一幅画。一幅画，从哪儿写起，实在不知道！

我们都有过玩小汽车的经历，只玩，不拆，永远不会知道小汽车是怎么组装的。但如果有兴趣，用工具把小汽车拆开，组装一次，那一下子就知道小汽车的构造了。以后再遇到小汽车，就很清楚它的组装方法了。同样的道理，写汉字也需要这样的过程。就是说，我们需要拆解一些汉字，通过拆解，了解它的结构、意思、笔顺，甚至发音。

本书就是利用这样的方法，给你讲解了379个汉字的来源、意思、构件、发音、组词等，用不到100个汉字的解释，生动地讲解这些汉字的特点，比如："美"，它是由"羊""大"两部分组成的一个汉字，它们都是象形文字，"羊"就是一个有犄角的羊的外形，"大"是一个伸展双臂的人，两个汉字组成了"美"这个汉字。为什么"美"字跟"羊""大"有关？有人解释说，在古代人看来，羊大为美。还有人解释说，羊很温顺，温顺的人很美。这样的解释是不是很有趣？

除了有趣的解释，本书还有很形象的插图和英语翻译，你还可以自己在书上多练几遍汉字，记住书写汉字的方法。一本书，能帮你建立一种方法，是不是很了不起啊？

三、文学

序号	作品名称	作者 / 编者	出版单位	出版时间	建议级别
1	贫嘴张大民的幸福生活	刘恒	华艺出版社	1999	5
2	许三观卖血记	余华	南海出版公司	2003	5
3	活着	余华	南海出版公司	2002	6
4	我爱比尔	王安忆	云南人民出版社	2009	4
5	城南旧事	林海音	浙江文艺出版社	2002	4
6	万水千山走遍	三毛	北京十月文艺出版社	2008	超
7	上海的风花雪月	陈丹燕	作家出版社	2002	6
8	大浴女	铁凝	湖南文艺出版社	2008	6
9	蛙	莫言	上海文艺出版社	2012	6
10	围城	钱锺书	人民文学出版社	1991	5
11	生活秀	池莉	云南人民出版社	2002	6
12	棋王	阿城	人民文学出版社	2013	6
13	桃之夭夭	王安忆	上海文艺出版社	2003	5
14	鱼和它的自行车	陈丹燕	上海文艺出版社	2002	6
15	拯救乳房	毕淑敏	湖南文艺出版社	2013	6
16	长恨歌	王安忆	南海出版公司	2013	超
17	作女	张抗抗	作家出版社	2009	6

序号	作品名称	作者 / 编者	出版单位	出版时间	建议级别
18	铁凝精选集	铁凝	北京燕山出版社	2013	5
19	红玫瑰与白玫瑰	张爱玲	北京十月文艺出版社	2012	超
20	倾城之恋	张爱玲	北京十月文艺出版社	2012	超
21	撒哈拉的故事	三毛	北京十月文艺出版社	2013	6
22	文化苦旅	余秋雨	东方出版中心	2002	超
23	上海街情话	王安忆	上海文艺出版社	2003	6
24	我与地坛	史铁生	人民文学出版社	2011	6
25	风景	方方	浙江文艺出版社	2011	6
26	舞者	海岩	安徽文艺出版社	2013	6
27	蜗居	六六	长江文艺出版社	2007	5
28	杜拉拉升职记	李可	南海出版公司	2013	6
29	台北人	白先勇	花城出版社	2000	6
30	玫瑰门	铁凝	作家出版社	2009	6

1.《贫嘴张大民的幸福生活》

作者：刘恒

出版单位：华艺出版社

出版时间：1999 年

推荐语：

你想让阅读成为一次幽默的心灵旅行吗？那么，请看这本书。一点儿也不夸张地说，这本书一定能够让你从开始笑到最后。故事中的张大民是个普普通通的小人物，他的生活非常困难，家里很穷，兄弟姐妹都需要他照顾，结婚没有房子，妈妈年纪大了以后又变得神志不清……可是他一点儿也不觉得辛苦，他有天生的幽默感，快乐地过他辛苦人生的每一天。不管什么事情，经过他的分析，从他的嘴里说出来，都让人感到幸福，也让人忍不住笑出声来。在这个故事中，作者表现了某一部分普通中国人的生活状态，更赞美了他们能够打败一切困难的乐观精神。当你跟张大民一起经历了那些困难以后，你也一定会在苦中找到甜，记住这个善良快乐的张大民。同时你也能够完全理解"贫嘴"这个词的意味。值得一提的是，这本书的内容浅显易懂，大部分都是简单的词语和短小的句子，这会让你的阅读变得很轻松，成为一次真正愉快的享受。

2.《许三观卖血记》

作者：余华

出版单位：南海出版公司

出版时间：2003 年

推荐语：

如果你只有时间读一本中国小说，我推荐你读这本，这是一本非常温暖的书。故事的主角许三观是个平凡的小人物，他虽然很勤劳，但是收入还是不够渡过生活中的一个个难关。于是，他开始卖血。他靠卖血换钱娶了老婆；在自然灾害时，靠卖血换米回来让快饿死的家人吃上饭；他靠卖血养活了三个儿子，其中一个还是他的老婆和别人生的儿子，这个儿子叫“一乐”……可以说，为了家人，他可以付出一切。虽然许三观有时候也有点儿小心眼，但是他的善良让他总是能够克服自己的狭隘，比如：为了凑钱给一乐看病，他甚至一路卖血到一乐住的医院，因为短时间内卖血太多，他差点儿没命！他是平凡人，但他做的事可真不平凡！因为这本书说的是许三观一次次卖血的事，所以故事重复的部分也很多，但是作者的语言又简洁又幽默，读起来很有趣味。很多中国读者都说，这是一本让人想反复读的书，而且是一边笑一边流泪地读。相信你读这本书也会有这样神奇美妙的经历！

3.《活着》

作者：余华

出版单位：南海出版公司

出版时间：2002 年

推荐语：

有些读者在读《活着》的时候常常这样说：“实在读不下去了，太痛苦了！”是的，这是一个非常痛苦的故事。故事的开始作者偶然遇到了主人公福贵，福贵向作者讲述了自己的一生。因为历史的错误，或者因为可怕的命运，他的儿子、女儿、妻子、女婿、孙子一个一个离开了人世，最后剩下他一个人孤独地活着，只有一头牛跟他作伴。说到这里，你一定以为福贵痛苦得快死了。不，你完全错了。他非常平静，说起那么痛苦的人生时，他总是微笑着。是什么给了他面对死亡也能温暖微笑的力量？请你去书中寻找答案吧。这也是建议你一定读这本书并且坚持读下去的原因，因为在这个故事里你会收获很多意想不到的东西，也会收获最深的思考和感动。由于这本书用了主人公自己讲述的形式，整个故事基本上都是用非常简短易懂的口语呈现，但是这些文字又非常准确、有表现力。你可以无比轻松地看文字，同时你也会深刻感受到这个故事的思想和情感力量！

4.《我爱比尔》

作者：王安忆

出版单位：云南人民出版社

出版时间：2009 年

推荐语：

说到跨国恋爱，一定让人们产生很多浪漫的想象。《我爱比尔》讲的就是一个中国女孩和外国男孩恋爱的故事。在这个故事中，两种完全不同的爱情观、生活态度、生命追求相遇了。这样的爱情会有怎样的结局呢？故事中的女孩在上海长大，这个中国最西化的城市给了她很多对西方的幻想和爱恋。她全部的生命追求就是出国，去真实的西方。那么，怎么去呢？就是和比尔恋爱！跟比尔一起去西方！这是一次辛苦的恋爱。“比尔喜欢什么样的东方女孩呢？”这是她每天思考的问题，她努力变成比尔喜欢的样子，可是比尔还是一个人走了。她只能再找一个！就这样，她找了很多外国人，认真地恋爱。可是他们都是比尔，因为他们最后都走了。他们的爱情和女孩的爱情不一样。在一次次失败的爱情中，女孩完全失去了自我。看这个故事，你会看到中国人眼中的西方和西方人眼中的中国，他们互相吸引，又互相冲突。因为故事是通过爱情来表现，所以更复杂、更让你心动。

5.《城南旧事》

作者：林海音

出版单位：浙江文艺出版社

出版时间：2002 年

推荐语：

我们常说，童心最美，孩子眼里的世界最单纯。想重新感受小时候对世界最单纯的爱和感动吗？那可千万别错过这本书。这本书说的是一个小女孩林英子的成长故事。她自己家里的生活条件还不错，但是她的邻居中有一些生活处境很可怜的人，他们或者生活很穷困，或者失去了家人，或者要靠偷东西生活，等等。这些人的生活和她的差距很大，不过她没有任何偏见，热情地和这些人做朋友，喜欢和他们交流，听他们的故事。这些故事里面有很多生活的不容易，在我们成人看来，甚至是痛苦。但是因为是用孩子的眼睛来看，用孩子的心来感受，所以非常温暖，也有一些乐趣。善良的林英子还尽自己的能力帮助这些人，不过孩子的力量还是改变不了他们的悲剧命运，小小的林英子也有些忧伤。这种美好愿望和悲剧现实之间的矛盾非常打动人，也让一个单纯的童年故事有了深刻的力量。因为本书主要讲述童年往事，所以语言非常简单，符合孩子的语言习惯，读起来很容易。另外，这本书也拍成了同名电影，可以配合观看。

6.《万水千山走遍》

作者：三毛

出版单位：北京十月文艺出版社

出版时间：2008 年

推荐语：

看名字你就知道这是一本游记，一般的游记都是介绍旅行中看到的风景、人和事。这本书也记录了作者在中南美洲和中国大陆游历时的见闻。特别注意的是，书中介绍的很多地方都是大家不太了解或者很少有机会去的地方，那里的景观和生活对我们来说是绝对新鲜的。而且，作者的文字又简单又有力量，在她笔下，那些美景、风俗和文化，就像一张张照片呈现在我们面前。向大家推荐的更重要的原因是，这还是一本感悟人生的书。作者从旅途中的见闻联想到爱情、生活和命运的各个方面。对人生的感悟很深，也很打动人。而且，作者很会讲故事，她的感悟都是从故事中自然获得的，读起来非常有趣味，你完全可以把它当作小说来读，同时又能收获丰富的思想和情感力量。因此，我们建议你跟随作者一起，做一次书中的旅行，心灵的旅行。

7.《上海的风花雪月》

作者：陈丹燕

出版单位：作家出版社

出版时间：2002 年

推荐语：

上海是中国最有名的城市之一，也是中国最现代的城市之一。上海时尚，充满魅力，上海人精明，但是让人舒服。这个城市和这里的人都有着独特的吸引力和影响力。那么是什么形成了今天这样的上海和上海人？这本书会告诉你一些原因。它从一张老照片、一座老房子、一条街道或者一个老人开始，用非常优美的文字讲述他们以前的故事。这些故事一般发生在上个世纪三四十年代，也就是上海人总说的上海的“黄金时代”。在故事中，我们会看到一些影响中国历史的大人物、在上海出名的外国人、上海的贵族名媛、上海的一般市民、上海的打工者，还会了解到上海人的生活习惯、行为心理、娱乐文化等。作者非常准确地抓住了上海生活中有代表性的细节，对人和事的见解也很有启发意义。读完这些故事，你就会明白上海的独特性，明白为什么上海人总怀念过去，明白上海的现在和过去是怎么联系起来的，你就能够更好地理解这个城市的心。因为介绍的都是真实的人物和场景，所以书中有大量的照片，有些是现在的，有些是非常珍贵的历史照片，帮助你阅读。

8.《大浴女》

作者：铁凝

出版单位：湖南文艺出版社

出版时间：2008 年

推荐语：

有一个小女孩，她恨自己的小妹妹。因为这个小妹妹出生以后，夺走了妈妈的爱。于是，她看着五岁的小妹妹走向死亡而不救她。她也恨自己的妈妈，因为妈妈背叛爸爸，和别的男人有了感情。于是，她找机会在爸爸面前揭发了妈妈。因为恨，或者为了达到某种目的，她还做了很多罪恶的事。

她，就是这个故事的主角尹小跳。她的命运怎么样了？她受到惩罚了吗？她怎么面对内心的罪恶？这本小说会告诉你答案。书中还写到了一些和尹小跳一样心里充满罪恶感的人。和尹小跳一样，他们一直生活在痛苦和恐惧中，又因为把这些感情带到生活里面，所以自己的生活也变得非常糟糕。最后，只有那些勇敢承认自己的罪恶，并且认真悔过的人得到了心灵的安宁。简单地说，这就是一个人和内心的魔鬼斗争的故事，很激烈也很精彩，它能带你走进很多人的内心世界，实现非常有深度的阅读。你读的时候可能有些痛苦，但是最后一定能像尹小跳一样战胜这些痛苦，收获心灵的自由。这本书也被拍成了同名电视剧，可以配合观看。

9.《蛙》

作者：莫言

出版单位：上海文艺出版社

出版时间：2012 年

推荐语：

很多外国朋友都听说过中国一个家庭只能生一个孩子，觉得很不理解。其实，几十年以前，中国和其他国家一样，也不限制家庭生育孩子的数量。后来，由于一些历史原因和国情，中国才开始实行计划生育政策，也就是规定一个家庭只能生一个孩子。《蛙》就是写这些原因和变化的。在内容和写作形式上都有独特的文学魅力。小说讲述了“我”的姑姑——一个乡村妇产科医生的生活和工作，我们从中看到了乡土中国六十年的生育历史。同时，作者描写了人们在这一政策面前的反应，也严肃地分析和批评了某些中国人灵魂中不干净的东西。虽然故事不是那么美好，但其反映出的真实的社会生活，生动感人。这本小说的形式非常特别，前四章是四封信，最后一章是话剧。这就使小说特别适合表现人物的内心世界。所以在了解中国社会问题的同时，你还可以很好地了解中国人对相关问题的想法和心态。因此，推荐给想了解现代中国国情和中国人的你阅读。

10.《围城》

作者：钱锺书

出版单位：人民文学出版社

出版时间：1991 年

推荐语：

你一定有过这样的生活体验：很多东西，得不到时烦恼，得到了又是另一种烦恼。用汉语来说这种体验就是“围城”，这个词已经成为中国文化中的一个著名象征：生活中有很多这样的“城”，“城外的人想进去，城里的人想出来”。想了解这个象征最开始的故事吗？请看小说《围城》。故事中的主角方鸿渐，留学回国，先后进出爱情、事业、婚姻三座“围城”，得到过一些快乐和幸福，但更多的是悲伤和失望。因为一些性格缺点，他成了一个 loser，同时，他的单纯和真诚也让他显得非常可爱。看到他，就想起我们自己的性格弱点，想起我们自己人生中那些无奈和烦恼。但这并不是一本沉重的书，相反，书中充满了快乐和幽默，那些不完美的人物和生活也显得可爱起来。需要说明的是，因为作者曾经去过很多国家，长期在国外留学、生活，所以对外国文化非常了解，他的故事中涉及大量外国文化，有时候甚至直接用英语词语或者简短的句子，在外语和汉语之间找到幽默的联系，你读起来一定会觉得非常自然、亲切、愉快。

11.《生活秀》

作者：池莉

出版单位：云南人民出版社

出版时间：2002 年

推荐语：

理解一种文化最好的方法之一是了解这种文化中的人，要想让这种了解变得有趣味，就一定要读市民文学了。每个城市的居民个性都不同，这种个性与城市的历史和文化有紧密的联系。在中国文学中，除了北京市民和上海市民，被写得非常成功的还有武汉市民。《生活秀》就是其中最有代表性的一部。女主角来双扬是典型的武汉女孩，她为了兄弟姐妹的生活和学习，十五岁就开始自己做小生意。生活锻炼了她，她又能干又厉害，不但解决了家人的经济问题，还成功地处理了他们生活中的麻烦。可是兄弟姐妹并不感激她，哥哥和她争房子，妹妹反对她做生意。她虽然很有女人味，但在感情方面并不顺利，好不容易决定和卓雄洲发展感情，最后还是失望地分手。她的生活充满了烦恼，可她总是能够从容乐观地面对，她和她身边的人都有性格弱点，做的事有时候也让人有点反感，但是因为他们对生活的忍耐和坚持，还是让人喜欢。这就是武汉的人和生活。就像武汉最著名的美食热干面一样，看起来不美，但是感受起来却很有味道。这本小说也有同名电影，可以配合观看。

12.《棋王》

作者：阿城

出版单位：人民文学出版社

出版时间：2013 年

推荐语：

汉语中有个词叫作“如痴如醉”，指一个人爱好一件事物到了很深的程度，当他面对这件事物的时候，完全忘了周围的人和事，忘了时间和空间，甚至忘了自我，只是尽情地享受它。你有过这种幸福的经历吗？我们故事中的主角王一生就有。他爱好下棋，他的全部生活就是下棋，他经历过饥饿、贫穷、痛苦、历史灾难，现实让他失去了一切，但是这些都无所谓，他还有他的棋。只要有棋，他就能幸福地活着，在精神世界里他最富有，故事最后他也成为了公认的棋王。像王一生一样，人必须要有精神的东西，心和生命才有依靠，才会充满活力。你想感受这样美好、这样强大的精神世界吗？那么千万别错过这本书。而且，这本书的语言既简洁又生动，就像小说中的主角对棋一样，作者对语言表现力的追求也是如痴如醉的。很多读者都称赞道，这是一本真正一个字不能多、一个字也不能少的小说，绝对值得一读。相信你也能够在这个故事中获得如痴如醉的享受！

13.《桃之夭夭》

作者：王安忆

出版单位：上海文艺出版社

出版时间：2003 年

推荐语：

在当今社会中，未婚就生下孩子已经不是什么新鲜事了，随着思想观念的开放，人们已经能够接受未婚妈妈和她的孩子。但是在几十年前的中国，完全不是这样。就算在上海这个中国最开放的城市，未婚妈妈和她孩子的生存环境也是相当艰难的。这个故事的主角郁晓秋的母亲是个不太有名的女演员，离婚以后生了她。事业和感情都不顺利的母亲很不喜欢她，哥哥姐姐也因为她的出身而瞧不起她，讨厌她，同学和邻居们更是对她议论纷纷。关于她，总是有各种流言。她是个不幸的女孩，但是她坚强乐观地生活、成长。她战胜了自己的出身和命运，成年的郁晓秋美丽、大方、开朗，身心都很健康，也过上了幸福安宁的生活。读这个故事，你不但可以了解中国社会风俗观念的变化，还会得到一种非常美好的力量。有些人也许提出这样的疑问：作者是不是写得太完美了？现实生活不太可能这样的。但是生活中已经有很多的不完美，就让我们通过这个故事完美一次吧。

14.《鱼和它的自行车》

作者：陈丹燕

出版单位：上海文艺出版社

出版时间：2002 年

推荐语：

看到这个书名，你可能会奇怪，为什么叫这个名字呢？鱼和自行车有什么关系？就带着这份好奇开始你的阅读吧。这本书讲了一个女人从十七岁的女孩到为人妻、为人母的成长故事。年轻的时候，她很自信，觉得整个世界都是自己的，自己完全可以决定自己的生活。等她慢慢长大、变老，才发现生活真不容易，有很多无奈和遗憾，人生越来越平淡。她甚至吃惊地发现，她已经成了一点生活热情也没有的中年妇女，而这样的人正是她年轻时最瞧不起的。这就是成长的烦恼吧。这也是我们推荐的这本小说的主题。有没有发现我们自己也有相似的经历？读这个故事就像读我们自己。平淡的生活会让我们越来越平凡，我们慢慢成长、变老，失去青春的激情。最后，我们和生活的激情就像鱼和自行车一样遥远了。相信你在阅读过程中，也会一次又一次想起自己过去的一些感情、心理的变化，想起成长的欢笑和眼泪，所以这本书读起来是非常亲切的。现代生活的节奏很快，我们一直着急向前，难得有机会停下来整理自己的过去。读读这本书吧，给心灵一个假期，找找那些我们在忙碌生活中失去的东西，那些珍贵的东西。每个人心里都有一辆自行车，请好好照顾它。

15.《拯救乳房》

作者：毕淑敏

出版单位：湖南文艺出版社

出版时间：2013 年

推荐语：

人在癌症和死亡面前是什么心态？恐惧？绝望？还有什么？这本小说带领我们一起走进癌症患者的心理世界。心理学博士程远青为了研究找到一些特殊的病人——乳腺癌患者，组成了心理治疗小组。于是，公务员、老干部、硕士生、下岗女工、白领丽人，以及身世复杂的妓女和性别不明者……走到了一起。这些人都带来了自己独特的人生故事。在一次次心理治疗中，他们怀着对死亡的恐惧，艰难地找回了健康的心态，开始了全新的生活……

作者本身就当过心理医生，所以能够非常真实、准确地表现心理治疗的过程，她引导我们一步步深入角色的内心世界，在其中，我们也会发现一些自己的心理问题，比如：会不会过于迷恋一些人或者物而失去了自我？会不会因为受过挫折就对世界和他人充满敌意？会不会因为太敏感破坏了自己和身边人的生活？……这就是你阅读的收获——不断地审视内心，通过小说里迷宫一样的心理世界，认真思考人如何面对病痛、灾难、死亡，如何面对自我。同时，这种严肃的思考一点也不沉闷，因为整个故事由一个又一个悬念组成，生动、紧张，充满吸引力。

16.《长恨歌》

作者：王安忆

出版单位：南海出版公司

出版时间：2013 年

推荐语：

要了解现代中国，你必须了解上海。因为“上海，是现代中国的钥匙”！选择一个好的角度，会让你的了解非常形象、深入，有特别的趣味。《长恨歌》就是这样一个好的角度。作者写了一个女人四十多年的情与爱，其中交织着上海这所大都市从上个世纪 40 年代到 90 年代的巨大变化。作者准确地抓住了大时代中的小细节，书中那些街景、人物、行为方式和心理，都是地道上海的。故事是一个人的故事，但是背后的文化既深又广；同时，作者个人的思想也很有深度，对文化和生命的理解非常打动人。在语言方面，这本书有一定的难度，非常细致。但我还是强烈推荐你阅读，因为：第一，精美细致是中国传统语言最重要的风格之一，这种语言让上海景象像电影一样形象生动；第二，上海本身就是一个华丽的城市，必须有华丽的语言才能配合她，这也是上海文学的突出特点。打个比方，就像女王必须穿华丽高雅的服装一样。所以，就通过这次并不轻松的阅读来感受中国文化、感受当代中国吧，你一定会获得全新的体验！同名电影和电视剧也一样精彩。

17.《作女》

作者：张抗抗

出版单位：作家出版社

出版时间：2009 年

推荐语：

请注意，“作女”中“作”的发音是第一声。书名的意思是很“作”的女人。从 20 世纪 90 年代开始直到现在，中国都市中的“作女”越来越多。这些女人经济独立，精神独立，有超强的生命活力；同时，她们又很“作”，就是对现状永远不满足，爱折腾，绝对不按照规矩办事。和中国以前的女性相比，她们实在是太特别了。你想了解这些特殊的女人吗？那么请看这本小说。虽然书中有的情节有点夸张，但是作家通过“卓尔”“阿不”“陶桃”等女人的故事很准确地表现了这类女性的特点，她们一定会给你留下深刻印象。因为是写现代都市生活中的一些新潮人，所以这个故事给人很时尚的感觉，让你在愉快阅读的同时不断有新的发现。其实，在现在的中国，“作”已经不再只用来形容女性，而是指和书中女性一样的行为方式和性格特点。你读了这本小说后，能够更好地理解中国社会和中国人身上正在发生的新变化。再听到“作”这个词，就一定不会感到陌生了。

18.《铁凝精选集》

作家：铁凝

出版单位：北京燕山出版社

出版时间：2013 年

推荐语：

有这样一些人，他们特别想成为一个和自己完全不一样的人，特别想过一种和现在完全不一样的生活。不过，这些“改变”并不是为了获得金钱、地位和名誉，而是为了得到全新的生命体验，或者为了追寻心中的真爱。为了他们的愿望，他们会怎么做？他们真的改变了吗？他们变成理想的自己了吗？他们快乐吗？如果这样的人和这些问题吸引到你，那么请看《铁凝精选集》中的《永远有多远》和《何咪儿寻爱记》。《永远有多远》中的白大省是个老实人，她的愿望是成为邻居小六，像她一样每天都有绯闻，都有不同的男孩围在自己身边。当然，她的本性决定了她永远成不了小六，“永远有多远？”这个问题的答案和她的愿望一样，都没有结果。《何咪儿寻爱记》中的何咪儿也是这样的人物，她改变自己，希望成为她爱的人喜欢的样子，可是最后发现，她的愿望和她爱的人一样遥远。这两个故事都有些伤感，但是读故事收获的绝不是感伤。白大省和何咪儿对愿望的信念、那种最单纯的坚持一定能够深深打动你。不管现实的自我和理想的自我有多远，永不放弃地向理想前进的自我最美好，也最有力量！

19.《红玫瑰与白玫瑰》

作者：张爱玲

出版单位：北京十月文艺出版社

出版时间：2012 年

推荐语：

在中国文学中，张爱玲的作品拥有最多的华人读者，可以毫不夸张地说，世界上有华人和华文的地方就有人谈论张爱玲，读她的作品。为什么呢？我想是因为她是把中国味的人生、人心、人性、情爱看得最透，同时又能表现得最准确到位的作家。说到这里，你一定很想体会一下她的魅力吧，我推荐这本《红玫瑰与白玫瑰》给你。这是一部中短篇小说集，建议你从其中的《红玫瑰与白玫瑰》开始，因为它相对易读。这是一个男人和他的妻子、情人之间的故事，不过这绝不是简单的三角恋，而是人在情爱和生命中的选择、挣扎和伤痛。同样，这本书中的其他故事也是又好看又有深度。不过，张爱玲的作品文字很华丽，相关的文化也很丰富，这对外国阅读者提出了很高的文字和文化要求。因此，推荐给汉语水平六级以上的阅读者。这本小说有同名电影，拍得相当好，值得观看。

20.《倾城之恋》

作者：张爱玲

出版单位：北京十月文艺出版社

出版时间：2012 年

推荐语：

我们前面已经说过，张爱玲的作品具有很不一般的艺术魅力。《倾城之恋》收录了张爱玲另外一部分著名作品。因此，再推荐给你。建议你从其中的《倾城之恋》读起，这是作者最好的小说之一。主人公白流苏和范柳原互相吸引，流苏是个生活在中国旧式家庭中的离婚女人，她急需找个结婚对象作为生活依靠。用西化的范柳原的话来说，在一个越来越现代的世界里，她是真正传统的中国女人，因而很有吸引力。但是范柳原只想和流苏做情人，这样的话，他还可以自由地和别的女人交往。两个人都有一些真心，但是也都有一些私心：都想得到，又都不想失去。没想到，香港发生了战争，他们随时可能死亡，于是，他们不再考虑别的，坚决地结婚了。“倾城之恋”的意思就是：毁了一座城市，成就了一份爱情。不过故事到这里并没有完，当战争过去，生活安定下来，范柳原又开始和别的女人交往，但流苏还是满足了，因为她要的家庭和生活依靠已经得到了。说到这里，你已经看出来了，故事很精彩，因为作者是公认的最会讲故事的人。比故事更精彩的是故事中人的心理世界和作者的人生感受。其实，“倾城”的本意是无比美好，让世人都陶醉了，等你读完，你会发现，这本小说完全可以用“倾城”二字来赞美。这本作品集中的《心经》《封锁》和《琉璃瓦》是相对好读的作品。另外，《倾城之恋》也有同名电影和电视剧，你可以一同观看。

21.《撒哈拉的故事》

作者：三毛

出版单位：北京十月文艺出版社

出版时间：2013 年

推荐语：

一个人去一个神秘的地方旅行，甚至居住很长时间，是我们很多人希望做、但是没有勇气或者没有机会做的。幸运的是，我们有《撒哈拉的故事》，那么，让我们打开这本书，在文字中享受美妙的旅行。这是一本作者亲自深入撒哈拉沙漠并生活了相当长时间以后创作的一部作品。在书中我们可以跟随作者一起零距离感受撒哈拉。在那样一个远离现代生活的地方，自然环境非常恶劣，生活条件也非常艰苦。不过在书中，我们更多感受到的是单纯独特的乐趣，因为那里也是一个最单纯的地方，有很多你意想不到的沙漠生活的细节，有沙漠生活中的独特感受，也有作者自己生活和情感的小故事。每一个撒哈拉的故事带给你的都是欢乐，同时，你也会被人心的简单和温暖感动：原来快乐是那么简单！这本书中的故事都不太长，文字也简简单单，自然流畅又充满美感，就像书中的生活一样。

22.《文化苦旅》

作者：余秋雨

出版单位：东方出版中心

出版时间：2002 年

推荐语：

如果你对中国文化，尤其是中国名胜古迹中的文化意味感兴趣，那么你一定不能错过这本书。打开这本书，你会看到《牌·坊》《寺·庙》《道士塔》《阳关雪》《山庄背影》等文章题目。虽然看似一本游记，但是这些景物只是作者写作和思考的起点。作者行走中国山河，从这些自然和名胜古迹中发现了中华民族过去或者现在的生活形式，深入地思考了其中的文化意义。

作者精心选择了这些景物，通过它们，比较全面地关注到了中国人文和精神生活中主要的、有代表性的方面，通过对文化的细致观察、分析，作者既赞美了某些美好的民族精神，也批评了某些文化病症。读这本书，的确是一次文化的旅行，通过这次“旅行”，你一定可以深入了解中国人的过去和现在。但是书名中的“苦旅”二字也暗示了“旅行”的艰难。因为这本书的文字有一定的难度，涉及很多的文化、历史知识，要求读者对中国文化有较多的了解。因此，推荐给水平较高的阅读者。

23.《上海街情话》

主编：王安忆

出版单位：上海文艺出版社

出版时间：2003 年

推荐语：

当代中国的一个重要状况是飞快的城市化进程，这样的城市环境让城市中的人始终处在一种强大的压力中，甚至性格、心理、行为方式都发生了一些奇特的变化。想了解当代中国和中国人生活的重要变化吗？那么请看这本书。这是一本短篇小说集，故事主要涉及城市中的普通人，他们当中有的人跟不上这个时代，孤独地守着回忆、守着过去的“自我”；有的人拼命要跟上这个时代，但是最后身体和心灵都累得要命，成为追赶时代人群中的失败者；还有的人得了城市文明病，爱好、性情和心理都变得极其怪异；也有的人生活在城市的底层，默默承受着生活的压力，却反而过得踏实平静。这些作品比较全面地反映了当代中国城市生活和城市人的主要形态，能够帮助你真实深入地认识当代中国的重要方面。由于都是短篇小说，所以读起来并不费劲，文字也比较简洁易懂。推荐你读其中的《上海街情话》《城市生活》《无性伴侣》《刹那记》《床前明月光》和《这也是一个知识分子》。

24.《我与地坛》

作者：史铁生

出版单位：人民文学出版社

出版时间：2011 年

推荐语：

这本书写的是一个绝望者的精神世界。你一定认为读起来会很压抑，可是，完全相反，你将看到一个无比健全的精神世界。这就是我推荐你读这本书的原因。作者 21 岁就失去双腿，坐在轮椅上再也没有站起来，后来又受到各种重病的折磨。当然，他想过死亡，但是，他的精神拯救了他。《我与地坛》就是他 15 年来摇着轮椅在地坛思考生命的结果。在那里，他看到一对老夫妇、唱歌的青年、女教师、长跑运动员、弱智的女孩……他和这些人之间虽然没有交流，但是他们的生活状态无数次给了他启发和感动。在地坛，作者收获了健康的精神和对生命的爱。当他决定把“死亡当作生命的生日”时，他真正战胜了不幸的命运。因此，这是一个在绝望中寻找希望的故事，这种寻找很孤独、很痛苦，同时，也无比温暖。相信你在这本书中一定能够获得对生命更深刻的理解和爱，获得与这个并不完美的世界从容相处的勇气和力量。需要说明的是，虽然这是一部很有深度的作品，但是书中的文字干净简单，读起来并不费劲，同时也很精美，充满意味。

25.《风景》

作者：方方

出版单位：浙江文艺出版社

出版时间：2011 年

推荐语：

家庭对你意味着什么？亲情？温暖？依恋？可是我们这部小说中的人物却想逃离自己的家。他为什么会这样？他成功了吗？如果想了解这些，就请看《风景》。我们都有这样的愿望：只要坚持努力，人可以战胜不公平的命运。不过现实并不是那么乐观。《风景》给我们看另外的故事：虽然我们在生命起点都是无过错的人，但是我们无法选择自己的出身和成长环境。如果非常不幸，生活在一个极其贫穷粗俗的家庭，那么就很难摆脱像监狱一样的生存处境。比如故事中这个中国城市最底层的家庭：父母和兄弟姐妹大都粗俗、无耻得要命，出生在这样的家庭已经是很大的不幸，更可怕的是我们的主角还受到家人的仇视和虐待。他拼了命地要改变自己的命运，最后也终于从这个家庭中走了出来，过上了“体面”的生活，不过他的灵魂、他的言行举止，甚至他的个人奋斗方式，都受到来自家庭的深重影响，他的家是他一生都逃不出去的监狱。这部作品读起来很沉重，但是你会被人物的命运强烈吸引，因此一定会有很强的阅读动力。另外，书中收录的《桃花灿烂》也是一篇很好的小说，值得阅读。

26.《舞者》

作者：海岩

出版单位：安徽文艺出版社

出版时间：2013 年

推荐语：

读书带给我们很多种享受，有些书让我们了解社会、文化和人，有些书让我们认真思考，还有些书只是让我们娱乐，放松。茶余饭后，没什么事，随便打开一本，也不想费脑子，但是读起来还挺精彩的，那感觉就像吃了一顿大餐，虽然不那么有营养，但是味道真不错！听起来很棒吧！是的，我将向你推荐这样的作品——《舞者》。故事讲的是高纯、金葵两个年轻人因为热爱舞蹈走到了一起，又因为生活中的各种意外分开，各自经历了很多不平常的事情，金葵被卖婚，高纯为生活当起了一个老板的私人侦探，在调查周欣事件中变成了残疾人。最后的结局让人伤感。整个故事的情节离奇复杂，有非常强的吸引力。本书作者海岩是中国当代著名的畅销书作家，他的书总是综合了言情、探案、冒险、意外等各种情节，既浪漫又充满悬念，能够紧紧抓住读者，让你的阅读一旦开始就停不下来。扩展阅读推荐书目中的《五星大饭店》《一场风花雪月的事》也是他的作品，如果你喜欢这种轻松又有些紧张刺激的阅读，海岩的小说是不错的选择。而且他的大部分小说都被拍成了电影或者电视剧，也非常受欢迎，你可以一同观看。

27.《蜗居》

作者：六六

出版单位：长江文艺出版社

出版时间：2007 年

推荐语：

想了解当下普通中国人最主要的愿望、烦恼和压力吗？想了解他们对生活、对社会的想法和态度吗？那么，请看这本书。书名“蜗居”的意思是蜗牛的家，就是蜗牛背上那个小小的壳。普通中国人对家的愿望就是能够拥有那么小小的一所房子，能够安静地生活。不过在当下中国，这成为一种越来越难以实现的愿望。小说就是从这个角度入手，讲述了人们为了得到一个小小的蜗居，经历了多少艰难和心酸，在这一过程中付出了什么，又失去了什么。在这一故事中，夫妻情、母女情、姐妹情、恋人情、婚外情等都得到了充分展现。同时，小说也涉及当下一些黑暗的社会现实，比如上层社会的权力与金钱交易、当权者的腐败等。小说中写到的房子和社会弊病是当前中国两大最敏感的社会问题，而且关系到人们基本生存需求和社会正义需求。所以，小说和同名电视剧在中国都产生了非常大的影响，“蜗居”也成为了一个热门的词语。需要说明的是，虽然话题沉重，但是小说绝对好看，笑点不断，是一部烦恼人生的幽默剧。

28.《杜拉拉升职记》

作者：李可

出版单位：南海出版公司

出版时间：2013 年

推荐语：

职场是我们实现自己人生理想、成就自我的重要场所，对每个人来说，都具有重要意义。你可能已经进入职场或者即将进入职场，不管是哪种，我都建议你读一读这本书，看看中国式职场。本书讲述了拉拉大学毕业后十年的职场生涯，经历了国企、民企和外企，她从一个朴实的销售助理，成长为专业干练的 HR 经理，见识了各种职场变迁，也经历了各种职场磨练。在书中你会看到职场的各种问题：可能你干了很多活儿，上司却并没有注意到你；可能你有个本事不大、脾气不小的下属；也可能你的平级不怀好意妒忌你；还可能你的客户很难沟通。要想很好地完成任务，就要想尽办法一个个地解决……小说的主人公杜拉拉没有特殊背景，受过良好的教育，靠个人奋斗获取成功。在杜拉拉身上，我们可以学习的是她经历困难之后的收获，坚强的心态和对人际关系的把握。这本书具有很强的时代特征，文字也比较易懂，你可以把读这本书当作一种消遣，也可以把它当经验分享之类的职场实用手册来使用。好的机遇，一定是给有准备的人的。但愿每个人都能开心地工作！

29.《台北人》

作者：白先勇

出版单位：花城出版社

出版时间：2000 年

推荐语：

1949 年是中国历史上非常重要的一年，这一年，内战结束，成立了中华人民共和国。在内战快结束时，有些中国人离开大陆，去往台湾。这本书写的就是这一特殊历史时期的特殊人物的故事，历史让他们的生活处境发生了巨大变化：他们或者失去了权力和地位；或者损失财富，不能再过奢侈的生活；或者只是平民，但也一样失去了安稳的生活……《台北人》的作者就是其中的一位，因此他能够特别真实、准确地表现这些人的生活、命运，表现他们的心理和情感世界。而且，作者还通过小说中的人和事思考了人与环境、生命的兴和衰等关系。推荐你读其中的《永远的尹雪艳》和《金大班的最后一夜》两篇，这两篇小说除了有上面介绍的特点以外，还另有特色：首先，小说的主角都是非常有名的交际花，她们和她们的生活世界本身就有相当大的吸引力，这极大地增强了故事的可读性；其次，因为其职业特点，人物的接触面相当广，跟随她们，我们可以看到社会和人心的众多方面；最后，与故事和人物相配合，这两篇小说的语言都很生动，有表现力。这些都会增加你阅读的趣味。

30.《玫瑰门》

作者：铁凝

出版单位：作家出版社

出版时间：2009 年

推荐语：

这是一本很严肃的、探讨人性、表现中国女性生活的作品。故事表现了如果生活环境特别险恶，生活中的人会怎样变化。故事讲述了司绮纹和她的外孙女苏眉这两代女性的生活和情感故事，主要通过苏眉的眼睛看司绮纹的一生。我们故事中的女主角司绮纹不但要面对家庭的压力，还要面对社会变化的压力。她为了生存下去，为了获得传统家庭的认同，获得政治社会和革命群众的认同，付出了巨大的代价，也用尽了各种手段，甚至连身边的亲人都成了她的工具。最后，她变成了一个非常丑陋的人，既让人厌恶，又让人同情。你可能会奇怪，这个故事为什么叫作“玫瑰门”？“玫瑰门”其实就是女性的门，通过这扇门，你会看到女性和女性、女性和家庭、女性和社会之间的相处和斗争，你也会深入地了解中国某一类女性的心理和情感世界。因为故事从 20 世纪 30 年代开始一直写到 80 年代，涉及中国现当代生活中很多重大的社会变化，因此，这本书还可以帮助你比较形象地了解中国现当代社会生活中的大事。阅读有一定难度，推荐给汉语水平六级的读者阅读。

四、历史地理

序号	作品名称	作者／编者	出版单位	出版时间	建议级别
1	中国简明通史	白寿彝	江苏文艺出版社	2008	超
2	中国读本	苏叔阳	海豚出版社	2011	超
3	另一半中国史	高洪雷	文化艺术出版社	2012	超
4	中国史纲（精装插图本）	张荫麟	中国画报出版社	2012	超
5	上下五千年（上、下）	林汉达等	中国少年儿童出版社	2011	6
6	林汉达中国历史故事集	林汉达	中国少年儿童出版社	2009	5
7	中国通史故事（1~4）	朱仲玉等	中国少年儿童出版社	2011	6
8	国宝中的历史密码（1~4）	中央电视台中文国际频道	中国友谊出版公司	2014	超
9	重说中国近代史	张鸣	中国致公出版社	2012	超
10	你不可不知的中国历史故事	禹田	同心出版社	2013	6
11	你不可不知的中国名人故事	禹田	同心出版社	2013	6
12	二十四史故事大全集	青木	中国华侨出版社	2011	6
13	中国国家地理	郭漫	航空工业出版社	2006	6
14	中国国家地理地图	《中国国家地理地图》编委会	中国大百科全书出版社	2011	6

序号	作品名称	作者 / 编者	出版单位	出版时间	建议级别
15	走遍中国	《图说天下·国家地理系列》编委会	北京联合出版公司	2012	6
16	中国地理全知道	任啸科	华文出版社	2010	超
17	人文地理随笔	唐晓峰	生活·读书·新知三联书店	2005	超
18	中国地理读这本就够了	韩焘	中国商业出版社	2012	6
19	中国自助游	《中国自助游》编辑部	光明日报出版社	2013	5
20	中国最美的100处名胜古迹	《中国经典游》编辑部	广西师范大学出版社	2010	6

1.《中国简明通史》

作者：白寿彝

出版单位：江苏文艺出版社

出版时间：2008 年

推荐语：

中国历史源远流长，它体现了丰富的人类文明成果。每一个国家、民族发展到今天，都是和它的过去有着密切关系的。如果你想对中国历史、地理、人文有个基本的了解，那么阅读《中国简明通史》是个很好的选择，因为这是一部通俗性与科学性相结合的著作，语言流畅，论述简单明了、通俗易懂。

《中国简明通史》是研究和论说中国史学发展的著作，讲述了从远古的传说时代到新中国成立后的中国历史，内容包括每一时期的政治、经济、思想文化等，是一部通史性的历史教科书。阅读这本书，你可以感受从秦汉时期的“成长”到隋唐时期的“发展”，再到明清时期的“衰老”，你也可以更好地理解当今的中国社会，加深对中国文化的了解。总之，阅读这本书，你可以看到中华民族的发展历程。

2.《中国读本》

作者：苏叔阳

出版单位：海豚出版社

出版时间：2011 年

推荐语：

中国人以怎样的方式生活？中国拥有哪些独特的文明？中国走过怎样的历史道路？中国是一个怎样的国家？中国对人类做出了哪些贡献？如果你对这些问题感兴趣，就请阅读《中国读本》吧。

《中国读本》以中国历史发展和文化演进为主线，以简洁有力的表达，全面展示了中国的历史演变、自然概况、民族繁衍、文化形成、发明创造、科技成果、民俗民情等基本知识，回顾了中国在各个领域取得的成就。本书的行文就像一个邻居老爷爷讲故事，从上古神话一直讲到新中国的和平发展，用一种亲切的语气讲述着中国的兴衰荣辱，让你更深入地了解中国历史和文化。此外，书中还有大量插图，从山海经中的神话故事到极具神秘感的古代壁画，伴随着故事的叙述，给读者全面展示了一幅中华文明图。

为了便于外国人阅读，作者在每个章节的开头都以同时期或同背景下的西方文明史作为切入点，为中国的文明演进寻找世界背景，让外国读者在走进世界史的同时，走近中国。

3.《另一半中国史》

作者：高洪雷

出版单位：文化艺术出版社

出版时间：2012 年

推荐语：

中国是一个多民族的国家，有 13 亿人口，56 个民族。人口最多的民族是汉族，其他 55 个民族统称“少数民族”。少数民族的文化和历史变迁是中国历史的一部分。《另一半中国史》就是一部全面关注 55 个少数民族历史和文化的图书，如果你有兴趣了解中国历史的全貌，你就不可不读《另一半中国史》。

这本书用通俗的语言、翔实的历史材料、丰富生动的历史故事讲述了中华民族大家庭中几个主要少数民族的兴衰更替和发展演变。打开这本书，你可以看到一个个勇敢的热血男儿，也可以看到一个个美丽的古代女子，看到他们的生离死别和爱恨情仇，你可以了解中国古代民族的起源和归宿，你还可以体会到中国各民族共同创造中华文明的历史过程。

总之，我想告诉你，翻开这本书，你会被它吸引住，读完这本书，你将得到很大的启发。

4.《中国史纲》(精装插图本)

作者：张荫麟

出版单位：中国画报出版社

出版时间：2012 年

推荐语：

你想体会中国高中生学历史的感觉吗？你想听中国史学大师有重点地讲历史吗？如果答案是肯定的，那推荐你阅读中国史学大师张荫麟先生的《中国史纲》。

《中国史纲》原为高中教材，是别具一格的通史读物。这本书条理清晰，史料翔实，论据充分。张先生依据自己的历史观对中国最早有文字记录的商朝到东汉前的中国历史做了比较严格的选择和取舍，并用讲故事的方式写出了中国社会变迁、文化发展、思想贡献、伟大人物性格和活动以及重大历史事件的偶然性和必然性。书中作者多把不同的事物加以对比，让读者能一目了然地认识它们。

这是张荫麟先生的经典史学名著，语言精练通俗，很有趣味，可以说，读《中国史纲》既是享受文学，又如亲历历史，其乐无穷。

5.《上下五千年》（上、下）

作者：林汉达等

出版单位：中国少年儿童出版社

出版时间：2011 年

推荐语：

中国是世界上四大文明古国之一，中国文化历史久远，“上下五千年”就是指中国从古到今大约 5000 年的历史。如果你想从故事中了解中国历史，你可以打开《上下五千年》开始阅读。这是一套故事化的历史读物，它用简单易懂的语言让你体验中国 5000 年的巨大变化。

作者选择著名的人物和事件，根据历史材料，用现代语言写出来，而且基本上没有作者本人的叙述和描写，让读者了解真实的中国历史。这套书内容丰富，包括政治、军事、文化、经济、艺术、法律、教育等多个方面，故事既有古代创世神话，又有春秋战国时代斗智斗勇的谋略故事，还有唐宋时期的文人故事，讲述了从盘古开天辟地的传说到 1949 年新中国诞生的中华 5000 年历史。这套书一共有 370 多个故事，广泛介绍了中国文化的各个方面。读完这本书你会发现你不但增长了知识，而且比以前更聪明了，因为历史是前人成功和失败的记录。

6.《林汉达中国历史故事集》

作者：林汉达

出版单位：中国少年儿童出版社

出版时间：2009 年

推荐语：

学习汉语的时候，你是不是接触到了一些成语？你知道吗？很多成语都来源于历史典故，如果你想读中国历史，同时又想提高汉语水平的话，那么阅读《林汉达中国历史故事集》是一个不错的选择，因为它不但是一部优秀的历史读物，还是一部优秀的语文读物。

《林汉达中国历史故事集》是一部连续的历史故事集。这部书从春秋、战国、秦、西汉、东汉和三国这 1000 多年的历史里，精心选出 122 个故事讲给大家听。这些故事里既有人物又有事件，既有战争故事又有智斗故事，而且每个故事都讲了一个道理，都有可靠的历史来源。你读完这些故事，就能了解这段历史的概况，而且还能激起你学习历史的欲望。

《林汉达中国历史故事集》很好地把知识性和趣味性统一起来，它会让你在无限的乐趣中愉快地学习中国历史和中国文化。

7.《中国通史故事》（1~4）

作者：朱仲玉等

出版单位：中国少年儿童出版社

出版时间：2011 年

推荐语：

中华民族，上下五千年，想了解中国历史的方方面面，绝对不是一件容易的事。但《中国通史故事》则可以引领你步入中国历史的长廊，带你通览中国历史上发生的重要事件，带你认识那些留名千古的人物。

《中国通史故事》是一套有通史性质的故事，又是有故事情节的通史。全书用565个故事，完整系统地讲述了中国历史。它从原始社会开始，一直讲到20世纪末的1999年，把中华民族五千年的历史以故事的形式讲给你听。这其中包括了古今政治、军事、经济、思想、科学、技术、文学、艺术、生产、生活等各个方面，多角度反映了社会面貌，内容丰富多彩。

读完这套《中国通史故事》，你就等于把中华民族上下五千年轻轻松松地穿越了一遍，会感受到中华民族优秀传统文化的魅力。

8.《国宝中的历史密码》(1~4)

作者：中央电视台中文国际频道

出版单位：中国友谊出版公司

出版时间：2014年

推荐语：

很多人喜欢参观博物馆，是因为那里陈列的每一件物品都是人类过往的见证，或告诉人们一段历史，或讲述一个生动的故事。你呢？如果你也喜欢去博物馆，但又不想走出家门，那你可以阅读《国宝中的历史密码》。

这套图书是由中央电视台中文国际频道的《国宝档案》60集特别节目改编而成的，其特色是以中国历史朝代顺序为主线。这套书一共有4卷，分别是“夏商—南北朝卷”“隋唐—辽金卷”“元明卷”“清代&两岸故宫卷”。

另一特色是以有代表性的国宝为切入点，全书汇集了 300 件稀世珍宝，301 张珍贵图片，每一件国宝背后都有着动人的故事，每一件文物都展现着那值得追忆的历史瞬间。专家的精彩解读，为读者提供了一个了解中国历史和文化的全新视角。全书通俗易懂，雅俗共赏。相信阅读此书，你在品鉴中国国宝的同时，还能了解其背后的真实历史。

9.《重说中国近代史》

作者：张鸣

出版单位：中国致公出版社

出版时间：2012 年

推荐语：

你想了解中国近代史吗？由于中国近代史始于 1840 年的“鸦片战争”，止于 1919 年的“五四运动”，所以提到中国近代史，人们的头脑中就会出现“侵略”“战争”和“革命”这样的概念，但除此之外，中国还发生了很多变化，要想了解，你可以阅读《重说中国近代史》这本书。

《重说中国近代史》展现给读者的是一段真实的中国近代史，内容包括中国与西方、清廷与民间、满族与汉族士人、洋教与本土信仰、枪杆与笔杆、造反和维新、科举与革命等。其中作者的讲述没有任何政治立场、情绪，完全是中立的，对历史事件、人物的评价都相当客观。它使中国近代史不再只是悲惨的、充满仇恨和折腾的历史，而是一段更加复杂的、值得中国人重新回望和反思的历史。

读完这本书，相信你能了解中国是怎样在世界格局中找到自己位置的，了解如今中国融入世界的意义。

10.《你不可不知的中国历史故事》

作者：禹田

出版单位：同心出版社

出版时间：2013 年

推荐语：

中国是一个历史源远流长的文明古国。如果你想对中国历史有个简单的了解，在轻松快乐中感受中国五千年的灿烂文化，你可以翻开《你不可不知的中国历史故事》开始阅读。

《你不可不知的中国历史故事》按照时间的顺序，把中国历史上各个时期的人物、事件与中国历史知识巧妙地组织在一起，以讲故事的方式娓娓道来，从原始社会末期，一直讲述到新中国的诞生。这本书选取了九十多个历史故事，比如“神农尝百草”“毛遂自荐”“三顾茅庐”“万里长征”等，每个故事都是值得回味的精彩瞬间。阅读这本书，可以激发你对中国历史的关注与兴趣，让你在一个个生动有趣的历史故事中增长知识，吸取教训，使你在面对人生的选择时做出正确的判断。

11.《你不可不知的中国名人故事》

作者：禹田

出版单位：同心出版社

出版时间：2013 年

推荐语：

在中国悠久的历史长河中，涌现出了无数英雄豪杰、仁人志士，他们有的具有雄才大略，有的足智多谋，有的学识广博，有的能言善辩，有的才华横溢。那么，你想和这些杰出的历史人物对话吗？你想听关于他们的故事吗？如果答案是肯定的，就请你阅读《你不可不知的中国名人故事》这本书吧！

《你不可不知的中国名人故事》选编了上至中华民族的始祖黄帝、下至当代青年雷锋等中国历史上近一百位著名人物的故事。他们在各自生活的时代施展才华，为社会做出了贡献，为历史增添了光彩，成为后人心中的英雄和榜样。从这些名人故事中你不但能感受到他们不怕困难和挫折的精神、永不放弃的坚强毅力，还能发现他们的才华和智慧。翻开《你不可不知的中国名人故事》这本书，它会引领你感受酸甜苦辣的人生百味，探索做人做事的成功秘诀。

12.《二十四史故事大全集》

作者：青木

出版单位：中国华侨出版社

出版时间：2011 年

推荐语：

《二十四史》是由二十四部史书结集而成的，记录了中华民族近五千年的历史，是中国史学的宝贵典籍。它全面展示了历代王朝的兴衰，内容非常丰富，是一部中华文明的百科全书。但对于外国人来说，史书读起来可能有些困难，所以如果你对中国历史感兴趣，可以读一读《二十四史故事大全集》。

这本书精选了《二十四史》中的两百多个独立完整的故事，作者按时间顺序对这些故事进行了整理和编撰，并用现代语言，从现在人们看问题的角度，真实地讲述了历史故事。从这些故事中你可以了解中国各个历史时期的政治、经济、科技、军事、艺术等方面的情况，可以了解中国历史发展的进程。书中还选配了历史文物照片、帝王画像、战争示意图、历代名画等两百余幅图片，让你能更真实地感受中国历史，思考中国历史。

13.《中国国家地理》

作者：郭漫

出版单位：航空工业出版社

出版时间：2006 年

推荐语：

中国地大物博，你可能很想知道在 960 万平方公里的土地上有哪些名山、河流、高原、湖泊，或许你还想知道在中国各地有哪些美丽的风景和旅游胜地，那建议你阅读《中国国家地理》，你可以在这本书里找到答案。

《中国国家地理》向你介绍中国天下第一奇山——黄山，被称为“中华母亲河”的黄河，华夏文明的摇篮——黄土高原，被称作“天府之国”的四川盆地，自然奇观——西双版纳热带雨林，被称为“高原江南”的滇池，还有草原、湿地、丘陵、岛屿、地质公园、自然保护区以及遗存在其中的古老的历史与文化等。总之，这本书会给你展现一个格外精彩、细致、博大的地理中国。读完之后，你会掌握大量的地理知识，使你在快速阅览华夏山川，了解丰富地理知识的同时，获得更为广阔的文化视野和审美感受。

14.《中国国家地理地图》

作者：《中国国家地理地图》编委会

出版单位：中国大百科全书出版社

出版时间：2011 年

推荐语：

你想了解中国地理和与地理有关的社会情况吗？如果答案是肯定的，你可以阅读《中国国家地理地图》这本书，它是专家团队编写的中国地理百科，这本书的资料来源于“中国大百科全书数据库”（第二版），充实、可靠。

全书内容涉及自然地理、社会经济、历史文化、旅游民俗、著名城市等最全面的地理百科知识，每一部分内容都是经过专家精心挑选出来的，都具有典型性和代表性。阅读这本书，可以让你跟随中国地图，走进最新鲜的旅游热土，轻松了解中国的行政区划、人口、民族、地形、气候、水系、自然资源等，还能听到中国古老的民俗故事。

书中有很多大幅面的专业、精准的地图和精美真实的图片，这也是这本书的一大特点，而且图片还有注释，不但说明图片内容，还告诉我们很多地理知识和故事。除此之外，本书还介绍了最新的地理热点话题，内容丰富全面。

15.《走遍中国》

作者：《图说天下·国家地理系列》编委会

出版单位：北京联合出版公司

出版时间：2012 年

推荐语：

中国幅员辽阔，各地的环境、气候以及风俗习惯都有不同。如果一位外国朋友来到中国，只在一个城市学习、工作和生活，那远不能全面地了解中国，所以很多人选择用背起行囊去旅行的方式，去亲眼见识中国的美丽山川，去亲身体验中国各地独特的民俗民情。如果你想走出家门，但又不知道应该走访哪些地方，相信《走遍中国》这本书会给你不错的建议。

《走遍中国》全书以地域划分章节，对中国 34 个行政区划中最具价值的旅游景点都一一做了介绍，让读者在舒适的环境中就可以“游览”神州美景，其中有寒冷的北国，有炎热的南沙群岛，有世界海拔最高的青藏高原，有美丽的宝岛台湾，有孕育中华文明的长江和黄河，更有祖先创造的人间奇迹：壮观的万里长城、雄伟的故宫……阅读这本书，你可以通过精美的图片和生动的文字欣赏到珍贵的古代文明遗迹以及多姿多彩的地理景观。

16.《中国地理全知道》

作者：任啸科

出版单位：华文出版社

出版时间：2010 年

推荐语：

你可能在心中一直有个疑问，是怎样的地理环境养育了一代又一代的中华儿女，孕育了灿烂的华夏文明？《中国地理全知道》这本书可以回答你的问题。

《中国地理全知道》是一部简便实用的中国地理百科全书。全书分为中国地理环境概述及八个自然区（华北区、内蒙区、东北区、华中区、青藏区、西北区、华南区、西南区）的地理情况介绍，共九章，全面系统地介绍了中国34个省级行政单位的行政区划、人口与民族、历史文化、地貌、气候、经济、旅游等诸多方面的知识，多角度地解读了中国自然和人文地理。书中展示了中华文明的发源地、美丽的风光，介绍了不同地域的环境和旅游资源，还有民间传说、民俗特色、名品制作工艺等，让你大开眼界。书中还有精美的图片，让地理知识变得更加鲜活。

相信你阅读《中国地理全知道》，会成为一次愉快的中国地理风情之旅。

17.《人文地理随笔》

作者：唐晓峰

出版单位：生活·读书·新知三联书店

出版时间：2005年

推荐语：

地理不只是高山河流、湿地岛屿，地理也“人情味十足”，如果你想了解地理学中有怎样的人情味，正如作者本人说的，“研究人文地理，需要先把人看透”。如果你想了解人的思想与地理环境有什么关系，就打开《人文地理随笔》这本书读一读吧。

这本书汇集了作者近年发表的一些人文地理随笔。虽然叫地理随笔，但没有什么游记，更不是指引道路方向，文中多是一些“想法”，要么是由地理现象引发的想法，要么是在想法中找出的地理内容。随笔涉及的内容广泛，时间上从商代的甲骨文到今天的北京城，理论上论述了重要的著作和人物。《人文地理随笔》中每篇文章都不长，但内容精彩，它将有关的空间观察、景观的解读以及对环境的感知等现代人的人文地理观念，用一种简明和富有情趣的笔法陈述出来，值得细细阅读和回味。相信阅读后，你一定会获得启发和新知。

18.《中国地理读这本就够了》

作者：韩焘

出版单位：中国商业出版社

出版时间：2012 年

推荐语：

在辽阔的中华大地上有复杂多样的地形、地貌与气候。如果你寻找“中国拥有世界遗产最多的是哪个城市？”“享有‘中华奇观’‘天下绝景’美称的是什么地方？”“‘天津三绝’是什么？”等问题的答案，就请翻开《中国地理读这本就够了》，它将为你答疑解惑。

《中国地理读这本就够了》浓缩了中国地理的精华，它以省份为单位，分别介绍了中国各地的地质地貌、环境资源、气候、物产，以及民俗文化、风景名胜等，是一部内容丰富、简单实用的中国地理科普书。阅读这本书，你不但可以了解更多民间传说、民族风俗等，快速了解中国自然地理和人文地理知识，还可以欣赏到中国不同地域的绮丽风光，获得美的享受。如果你想旅行，它也可以成为你的向导，带你踏上中国这块古老、神秘而又美丽的土地，让你大开眼界，增长知识。

19.《中国自助游》

作者：《中国自助游》编辑部

出版单位：光明日报出版社

出版时间：2013 年

推荐语：

说起旅游，很多人会说“那是我最大的爱好”，如果你想迈开双腿去放松身心，见识中国的大好河山，感受不同地方的风土人情，但又不知道去哪里好，那么你应该准备一本《中国自助游》，有了它，相信你很快就能确定你的旅游路线了。

《中国自助游》中有最新鲜、最实用、最准确的旅游信息。书中包含1900 处经典景点的介绍，其中有 200 个热门景点，300 多个新热美食地，关于每个景点都有详细的描述，比如，什么地方好玩啊，哪里有好吃的啊，坐什么车啊等等。而且这本书还确定了各个景点的星级标准，对每个景点都有本书独创的“星级”评判，500 多条经过验证的贴心食宿信息。这些都会对你游历中国各地有巨大的指导作用。一本《中国自助游》可以带你游遍全中国，助你开阔眼界。

20.《中国最美的 100 处名胜古迹》

作者：《中国经典游》编辑部

出版单位：广西师范大学出版社

出版时间：2010 年

推荐语：

很多人都喜欢旅行，如果你现在正计划在中国旅游，那你去走访名胜古迹应该是个不错的选择。中国历史悠久，名胜古迹多如繁星，而一个人的时间、精力有限，选择游览哪些名胜古迹呢？这个问题一定让你很困惑，别着急，《中国最美的 100 处名胜古迹》会给你最好的答案。

本书选取了中国最有代表性的 100 处名胜古迹。全书结合地理与人文的因素，详细介绍了每处名胜古迹的历史、特点、看点等，还为你制订贴心细致的旅游规划，提供实景照片、地址、电话、门票、乘车路线等信息，可以说，有这本书在手，你就能安心地背起行囊去游览长城、故宫、苏州园林、黄鹤楼、乐山大佛等中国最美的名胜古迹了。书中还配有大量精美的摄影图片，让你充分享受中国的传统人文地理之美。

五、科技

序号	作品名称	作者 / 编者 / 译者	出版单位	出版时间	建议级别
1	神奇的人体生物钟	［德］蒂尔·伦内伯格著，张丛阳译	重庆大学出版社	2013	6
2	哦，有了！改变人类生活的100位发明家和100项发明	［意］强奇著，友人译	科技文献出版社	2014	6
3	元素生活	［日］寄藤文平著，陈正译	接力出版社	2011	超
4	水知道答案	［日］江本胜著，陈晶译	南海出版公司	2013	超
5	很冷很冷的冷门知识	王悦	中国画报出版社	2012	6
6	中国科技文化史速读	苏山	北京工业大学出版社	2012	超
7	一日一篇科普速读：像科学家一样思考（1~2）	张建华	团结出版社	2010	6
8	航天简史（普及版）	龚钴尔	天津科学技术出版社	2012	6
9	启发每个人思维的数学小书	［美］李伯著 / 李伯绘，朱灿译	江苏文艺出版社	2013	6
10	古今中外科技名人·综合卷	牛秋业	山东科学技术出版社	2008	超
11	不敢问希区柯克的，问S先生吧：论一部电影的科学修养	科学松鼠会和它的朋友们	清华大学出版社	2014	6

序号	作品名称	作者 / 编者 / 译者	出版单位	出版时间	建议级别
12	贪玩的人类：那些把我们带进科学的人	老多	科学出版社	2012	超
13	关于科学的 100 个故事	霍致平	南京大学出版社	2009	6
14	百科大讲堂：世界最伟大和最失败的发明	贾浓铀	天津古籍出版社	2010	6
15	科学最前沿	《环境科学》杂志社、外研社科学出版工作室编，周俊等译	外语教学与研究出版社	2013	6
16	科学的旅程	［美］雷·斯潘根贝格等著，郭奕玲等译	北京大学出版社	2014	超
17	失实：为什么我们所知道的一切，有一半可能都将是错的	［美］塞缪尔·阿贝斯曼著，赵晖译	中信出版社	2013	6
18	发明的故事	［美］房龙著，杨禾译	金盾出版社	2014	超
19	科学失误故事	陈仁政	北京出版社	2004	6
20	小脑袋，甜念头——日常生活中的科学	［加］杰·英格拉姆著，陈璐译	湖南科学技术出版社	2011	5

1.《神奇的人体生物钟》

作者：［德］蒂尔·伦内伯格著，张丛阳译

出版单位：重庆大学出版社

出版时间：2013 年

推荐语：

早睡早起一定身体好吗？年轻人为什么常常晚上睡不着，早上睡不醒？对全球到处旅行的“空中飞人”来说，怎样才能顺利倒时差？这些生活中常见的问题在《神奇的人体生物钟》中都能找到答案。这是一本关于新兴学科“时间生物学”的大作，看似无形的人体生物钟其实对我们的心理、生理健康和人际关系产生着巨大的影响，甚至决定着人们的生活是否幸福。书中介绍了人体内生物钟产生的时间是如何运行的，为什么违反生物钟规律会对我们的健康和生活质量产生负面影响。本书共 24 章，包含 24 个故事、24 个生活场景。为了引起读者的好奇心，每章先讲述一个生活中的案例故事，每个故事都很好懂，然后详细阐述案例故事中包含的理论，这些理论能够回答读者们的大部分问题，并且能使读者将体内时钟的有关知识与自己的生活联系起来。读了这本书，你会发现，你更加理解自己和他人，更加珍惜自己的时间，对别人的行为习惯会更加宽容。

2.《哦，有了！改变人类生活的 100 位发明家和 100 项发明》

作者：［意］强奇著，友人译

出版单位：科技文献出版社

出版时间：2014 年

推荐语：

你是否有过疑问：拉链是谁发明的？正听着的 MP3 是谁发明的？新买的牛仔裤、刚刚喝完的咖啡……这些都是谁发明的呢？在我们日常生活中，有些东西已经变得必不可少，以至于我们经常忽略它们，而它们是如何出现的？是谁发明的呢？《哦，有了！改变人类生活的 100 位发明家和 100 项发明》回答了我们的问题。这本书一共讲述了 100 项发明创造和 100 位发明家的小故事。这些发明家都是平凡的人，可是他们发明的日常用品在生活中不经意间改变了我们的生活。

有一次，英国人约翰·谢泼德巴伦（John Shepherd-Barron）去银行取钱，可是银行已经关门，这促使他有了发明自动取款机的想法。巧克力售卖机给了他很大启发，他说："我想到必然有一种方法能让我在英国或世界各地取到自己的现金。我偶然想到，可以把自动售货机里的巧克力换成钞票。" 1967 年 6 月 27 日，英国巴克莱银行设在伦敦北郊的一家分行安装了世界上第一台自动取款机。

试着想一想，如果没有这些发明，我们的生活会是什么样子呢？

3.《元素生活》

作者：［日］寄藤文平著，陈正译

出版单位：接力出版社

出版时间：2011 年

推荐语：

心脏病可因缺硒导致？过度吸氧会中毒？缺碘可致甲状腺肿？"核"泄漏造成碘污染，人们居然要抢购碘盐？……人体是由元素构成的，体内元素的多寡去留会使人生病。为了维持生命与健康，人类每天都要和各种各样的元素沟通。哪些元素对身体有益？哪些对身体有害？地球上的生命之源是哪一种元素？哪些元素如同妈妈一样勤劳地忙碌在厨房和客厅中？什么元素具有降低血糖的神奇功效？什么元素才华横溢，却具有致死毒性？……打开《元素生活》，从家居生活到核物质反应，从保健食品到放射性元素……118种元素会从世界各地来到你的生活里。

该书以独创的视角、幽默的漫画形式，把抽象的元素人格化、性格化，以不同寻常的元素故事展现元素奇妙的发现和应用过程，揭开化学元素在构建人类美好生活过程中的神秘力量。元素组成了变化多端的自然和生命，了解元素才能更好地呵护健康人生。读完本书，你将知道如何建立营养食谱，成为自己和家人的元素营养师，你将知道如何在生活中有效防御元素危机。

4.《水知道答案》

作者：［日］江本胜著，陈晶译

出版单位：南海出版公司

出版时间：2013 年

推荐语：

听到“爱”与“感谢”，水结晶呈现完整美丽的六角形；被骂作“浑蛋”，水几乎不能形成结晶；听过古典音乐的水结晶风姿各异，听过重金属音乐的水结晶则歪曲散乱……

《水知道答案》用近 300 张罕见的水结晶照片和简洁睿智的文字，向世人展示了一项独一无二的观察：水能听，水能看，水知道答案。水知道什么答案呢？书中说，了解水就等于了解宇宙，了解大自然，乃至生命的全部。

《水知道答案》让我们试着变换视角，试着用水的眼睛来感受这个世界，那些战乱、纷争、种族歧视、欺压弱小、污染环境的行为立刻就能得到丑陋的映像，而所有的热爱、奉献、感谢、善良、和谐都能换取光华灿烂的美丽结晶。

本书将无形的力量用肉眼可见的图片展示在我们面前，让我们感受到爱在万事万物中，爱在话语里，爱在关心里，爱在流动中，爱在宇宙中，爱是能传递的。“爱”与“感谢”本是宇宙存在与人际关系的基本原则，美好的情感与愿望会对世界产生有益的影响，所以，我们更应该多一些“爱与感谢”，如果每个人都用一颗最美好的心去面对任何人和事物，包括一滴水、一片树叶……我们的世界也会更加美好。

5.《很冷很冷的冷门知识》

作者：王悦

出版单位：中国画报出版社

出版时间：2012 年

推荐语：

很多时候，人们通常都会将吃不了的水果放进冰箱冷藏起来，其实这样做对热带水果，如香蕉、火龙果、芒果、荔枝、木瓜等，都是非常不好的。这是为什么呢？水果腐烂，为什么应果断丢弃？如果把指南针放在南极会指向哪里？眼睛也怕“吵”？晕车是耳朵惹的祸，这是怎么回事呢？不要小瞧这些简单的“笨蛋问题”和看似天马行空的答案，它们背后都蕴含着一个个实用的科学道理。

《很冷很冷的冷门知识》是一本冷门知识的合集，收集了包括生活、健康、科学、文化等在内的大量有趣的冷门知识，其中，有些知识简单而好笑，有些知识生动而有趣，有些知识深刻而富含哲理。里面的冷门知识不仅对我们的生活很有用，而且可以成为聊天的话题。相信在阅读过本书之后，你一定能在一夜之间变得博学又风趣，成为社交圈子中的话题达人。

6.《中国科技文化史速读》

作者：苏山

出版单位：北京工业大学出版社

出版时间：2012 年

推荐语：

中国科技文化源远流长，历代科学技术在很长一段时期内都居于世界领先地位。火药、指南针、造纸术、印刷术——四大发明促进了整个人类文明的长足进步，中国历史上的科技成就为世界文明的发展做出了很大贡献。例如：神农每天不停地尝百草，不可避免要中毒，所以他的身边也备有一种解毒的药草，叫作茶（“查”的谐音）。他一吃到有毒的植物，就马上服茶，然后就可以把毒排出体外。他尝出了稻、麦、黍、稷、豆能够充饥；他尝出了各种能吃的蔬菜和水果，都一一做了记录；他也尝出了 365 种草药，写成了《神农本草经》。

《中国科技文化史速读》图文配合，精选了近百幅与文字内容相契合的精美插图，包括科技名著的书影、科学家的画像与旧照、科学大师的发明实物影像等，立体、直观地展示中国科学技术。相信通过阅读本书，你不仅能轻松地了解中国科技文化史，而且还会对科技文化产生浓厚的兴趣。

7.《一日一篇科普速读：像科学家一样思考》（1~2）

作者：张建华

出版单位：团结出版社

出版时间：2010 年

推荐语：

300 年前，英国伟大的思想家弗兰西斯·培根告诉人们："知识就是力量。"300 年后，中国伟大的政治家邓小平告诉人们："科学技术是第一生产力。"在 300 年的时光流逝之中，科学创造和科学精神以其生生不息的能量一再证明着这两个伟大的命题。我们进入了信息时代，但是科学知识和科学精神的普及并没有与时代同步。去科技馆、天文馆、博物馆参观，实在是费心劳神。阅读科普著作是我们接近科学最便捷的途径。

《一日一篇科普速读：像科学家一样思考》收集了科学家推荐的 20 世纪 100 部科普佳作。内容包括科学综论篇、数学篇、物理学篇、化学篇、天文学篇、生物学篇、地理学篇、信息科学篇、工程技术篇。书中介绍了 100 部科普著作的主要内容、科学家的生平和科研道路，也有对科普著作成书背景的介绍。通过阅读本书，我们将轻松获得各方面的基本知识，而且还可以从中得到无穷的乐趣。

8.《航天简史》（普及版）

作者：龚钴尔

出版单位：天津科学技术出版社

出版时间：2012 年

推荐语：

航天，古今中外多少人的梦想，从神话，到尝试，到成功，屈指一算，也有上千年的历史了。这中间有多少鲜为人知的故事？有多少引领风云的人物？有多少值得回味的瞬间？请看“80后”作家龚钴尔全新航天读物《航天简史》！

《航天简史》是一部引人入胜、通俗易懂的太空探索科普书。80后中文作家龚钴尔用清晰明了、幽默风趣的笔法和崭新的形式，再现人类宇航史上妙趣横生、震撼人心的故事：从上古航天传奇，到德、美、苏、中、日、欧“太空争战”，到飞出太阳系……用最轻松的文字，最震撼的图片，再现人类探索太空、遨游浩瀚宇宙的历史，回溯人类千百年来的宇宙航行梦想。本书用极具趣味的叙述方式写就，区别于一般航天科普书，是了解航天知识的最佳读本。

9.《启发每个人思维的数学小书》

作者：［美］李伯著 / 李伯绘，朱灿译

出版单位：江苏文艺出版社

出版时间：2013年

推荐语：

我们知道的“常识”并非永远可信，所谓的“真理”也并不永久为真。《启发每个人思维的数学小书》讲述了生活中一些常见的问题，依据经验直觉判断是一种情况，然而当你用数学计算统计时，发现竟是另一种结果，而这个结果却是正确的。是不是很有趣？本书从实际生活中的数学应用或趣味问题出发，用诗歌一般的语言，搭配抽象的艺术插画，在让你了解数学世界的同时，也带来了与艺术、科学、哲学、心理学、政治等相关的奇思妙想。这是一本数学小书，里面讲的不是专业的数学知识，而是纠正日常的一些容易让人误解的思维方式，经过锻炼，会让你更优秀。读这本书，你需要一支笔、一张纸。

从1942年出版至今，这本数学入门小书影响了几代伟大的数学家，与《爱因斯坦相对论》并列为历史上影响最大的三大数学入门的经典著作之一。

10.《古今中外科技名人·综合卷》

作者：牛秋业

出版单位：山东科学技术出版社

出版时间：2008年

推荐语：

小时候，我们很多人都梦想成为科学家，因为在科学技术发展的历史长河中，科学家是最美丽的浪花，科学家的智慧和对科学技术的贡献，是推动科学技术进步的重要力量。科学家对社会的贡献，不仅在于他们对科学技术本身的创造性工作和成果，而且他们的科学道路、科学思想、科学方法、科学态度、科学道德和科学精神更是留给我们的一笔宝贵财富。

《古今中外科技名人·综合卷》主要介绍了中外科技史上具有代表性的人物，如扁鹊、张仲景、毕昇、李时珍、毕达哥拉斯、傅里叶、哥白尼等。对中国的科技人物，从古代到现代，适当多选取，这对读者了解中国科学技术的发展有很大的帮助。对外国的科学技术人物，从数学、物理、化学、生物、医学、地质、工程技术等领域进行了介绍，尽量照顾到更多国家，并且对获得诺贝尔奖的科学家适当多选取一些。通过阅读本书，我们会对中外科学技术史上在各个领域做出卓越贡献的科学家有较为全面的了解。

11.《不敢问希区柯克的，问S先生吧：论一部电影的科学修养》

作者：科学松鼠会和它的朋友们

出版单位：清华大学出版社

出版时间：2014年

推荐语：

电影汇聚了我们这个时代的一切进展、一切成果。我们怀着极大的好奇心坐在电影院里，就是希望以最简便、最通俗易懂的方式，看到人类的最新进展。在看电影的时候，你一定有过这样那样的好奇和疑问："这可能吗？""那是什么？"……带着这些疑问，来读《不敢问希区柯克的，问S先生吧》，这本书为我们提供了一个看电影的新角度。

《不敢问希区柯克的，问S先生吧》这本书，从电影里的星星点点入手，帮我们梳理时代进展，以及我们了解这些进展的过程。《非诚勿扰2》中的李香山，死于恶性黑色素瘤，这个病到底是怎么回事？要紧吗？怎么治？咱们是不是都该到医院去祛痣？《飞屋漫游记》里，一群气球把小木屋吊上了天，那么，得多少只气球，才能实现？电影主创给出的数字是20622只，这可能吗？《八十天环游地球》里，主人公福克先生，因为时差而赚回了一天时间，让剧情出现了大反转，那么，时差是谁发现的？时区又是怎么划分出来的？让一部电影变得有趣的，就是这些知识，以及我们无止境的好奇心。找出这些经典电影，和S先生一起来看第二遍吧，你一定会有意想不到的收获。

12.《贪玩的人类：那些把我们带进科学的人》

作者：老多

出版单位：科学出版社

出版时间：2012年

推荐语：

科学的产生需要具备三个条件：惊异、闲暇和自由。贪玩的人类需要这些，而科学更需要这些贪玩的人类。

我们天天坐的公交车、地铁或者小Q7，离不开科学；让我们几个小时就能回家过年的高铁和飞机也离不开科学；让火箭飞上天，把机遇号送上火星更离不开科学……用纳米技术造的机器人，能在你的血管里到处跑，还能帮你祛除血管里血栓之类的脏东西，这都是靠科学创造出来的。我们的生活中几乎什么都离不开科学。可要是提起科学或者科学家什么的，很多人都觉得科学太神奇、太厉害了，不是我们普通人可以掌握的。然而，科学根本没那么玄乎，很多时候，科学是玩出来的！

《贪玩的人类：那些把我们带进科学的人》将会带着大家去找寻科学的源流：从公元前7世纪点燃科学之火的泰勒斯开始，到告诉我们不要过分依赖权威的罗吉尔·培根，到因为被砸而发现万有引力的牛顿，一直到20世纪发现光也会拐弯的爱因斯坦……还原了几千年来科学大师们探求真理过程中的奇闻异事，作者还亲手绘制了数十幅精彩插图，传达了科学的乐趣、玩的乐趣。

当你看完这些后，你会发现科学一点都不神秘，也不玄乎，科学其实都是被这些富于科学精神和创新精神的玩家们“玩”出来的。

13.《关于科学的100个故事》

作者：霍致平

出版单位：南京大学出版社

出版时间：2009年

推荐语：

也许从第一个仰望星空的人开始，人类就开始探索这个世界了。对知识的渴求是人类最本真、最原始的需要，过去，我们求助于宗教，现在，我们求助于科学。宗教让我们对世界顶礼膜拜，而科学让我们以平等自信的眼光看待这个世界。宗教让我们相信神的力量，而科学让我们相信人的力量。

人类好奇的天性是世界的推动力，促使着人类动用全部的智慧与精力去寻求未知的答案，世界便在这无尽的探索中前进。人文哲学家苏格拉底、体系哲学家柏拉图、天文学家托勒密、数学家欧几里德、物理学家阿基米德、医学家希波克拉底，还有横跨诸领域的亚里士多德，每一个名字，都代表着现代科学的一个方向、一个起源。他们用自己的智慧探究世界的未知。现在，这种探索一直在持续。本书将带您进入科学的殿堂，通过科学常识、科学发明、科学定律及理论、尖端学科和科学研究中的100个故事，和科学家一起用智慧寻找未知的答案。

14.《百科大讲堂：世界最伟大和最失败的发明》

作者：贾浓铀

出版单位：天津古籍出版社

出版时间：2010年

推荐语：

科学技术的飞速发展为人类创造了无穷的财富，增添了巨大能量。文字的发明创造，以及天文、历法、数学等方面所取得的成就，不能不说是人类文明史上最伟大的贡献，它使人类的生活发生了翻天覆地的变化。

到20世纪时，科学技术的发展日新月异，空前辉煌。美国科学家富兰克林曾说："将来人类的知识将会大大增长，今天我们想不到的新发明将会屡屡出现，我有时候几乎后悔自己出生过早，以致无法知道将来出现的新事物。"他的话说得不错。但遗憾的是，科技永远是一把双刃剑，它给人类带来便利与财富的同时，也给人类带来了无法摆脱的灾难。科技发明使生态环境改变，克隆技术引发了人们的道德思考，塑料成为21世纪破坏自然环境的主要凶手……人们无法否认科学的两面性。因此，每一位发明家无疑都要面临着选择，而其中的关键在于是否善待生命，是否要保护人类赖以生存的自然环境。相信任何一项以破坏环境为代价的发明都会受到道德法庭的审判。

《百科大讲堂：世界最伟大和最失败的发明》是百科大讲堂系列丛书之一。本书图文并茂，既有知识性，又有趣味性。这本书告诉我们：发明是人类的结晶，但这些结晶并非都能造福人类。

15.《科学最前沿》

作者：《环球科学》杂志社、外研社科学出版工作室编，周俊等译

出版单位：外语教学与研究出版社

出版时间：2013年

推荐语：

《科学最前沿》系列丛书精选自全球顶尖的科普杂志《科学美国人》（*Scientific American*），全系列分为 7 个分册，包括健康篇《谁是没病的健康人》、环境与能源篇《拿什么拯救你，我的地球》、天文篇《太空移民，我们准备好了吗》、医药篇《现代医学真的进步了吗》、数理与化学篇《霍金和上帝，谁更牛》、生物篇《谁是地球的下一个主宰》及科技篇《科技时代，你 OUT 了吗》等，每个分册包含若干话题，涵盖了现代科技的方方面面。

全书选篇都是一些很短小的文章，力求贴近生活。作者大多是科学家，包括诺贝尔奖获得者，加上科学编辑、科学作家和科学记者，因此文章科学严谨，又通俗易懂。阅读本书，你可以在饱览科技发展最新成果、享受现代科技的同时，了解科技发展背后的探索历程，提高自己的科学文化素养。

通过一套小书，便可领略科学最前沿的风采，何乐而不为呢？

16.《科学的旅程》

作者：［美］雷·斯潘根贝格等著，郭奕玲等译

出版单位：北京大学出版社

出版时间：2014 年

推荐语：

今天，科学已经渗透到了人类生活的每个角落，科学的力量无所不在。然而科学的旅程，并不像我们现在所看到的一路辉煌，科学的历史也从来都不是一部永远“正确”的历史。《科学的旅程》和传统的科学史图书不同，它不是简单的书写“资料的历史”，即什么时候、什么人干了什么事情；而是将观念变革的过程和思想发展的历史呈现在读者面前，以相当的

篇幅介绍了科学史中的失败者。它揭开了被科学辉煌成就遮蔽了的真实历史，它展现的科学史是一部由“正确”与“错误”、“成功”与“失败”共同编织的历史。

本书披露了许多鲜为人知的细节。比如，科学家想的是什么？他为什么要干某些事？作者既描写了一个全神贯注、不懈思考的牛顿，又让读者认识了一个高度自我、常常与人争吵的牛顿。这个牛顿，是否更立体、更丰满？是否比原来你心目中的“伟人牛顿”更真实、更可信、更可爱？

本书采用口语化的讲述方式，亲切易懂，故事性强，引人入胜。

17.《失实：为什么我们所知道的一切，有一半可能都将是错的》

作者：［美］塞缪尔·阿贝斯曼著，赵晖译

出版单位：中信出版社

出版时间：2013 年

推荐语：

以前医生建议吸烟，现在又说吸烟致命；我们一度认为地球是宇宙的中心，认定冥王星是一颗行星；我们深信雷龙是一种真实存在的恐龙，但这些事实已经通通被推翻。可见，我们所了解的知识和事实，并非一成不变。平均每隔 45 年，就有一半的知识会成为谬误。“事实库”是在“更新换代”的，它会以新陈代谢的形式，淘汰过期的事实，孕育新的事实。而且，事实的衰退与变化的规律是有迹可循的。《失实：为什么我们所知道的一切，有一半可能都将是错的》将为你讲述关于事实背后的科学。

书中有许多引人入胜的例子：英语专业的学生从《坎特伯雷故事集》的统计分析里能学到什么？丈量一座山的高度为什么这么难？为什么许多家长

仍然告诉孩子要多吃菠菜，是因为菠菜补铁吗？本书的作者阿贝斯曼把我们带入了文学、考古学等诸多领域，有的领域瞬息万变，有的领域的兴衰需要若干年，有的领域的变迁则跨越了几个世纪。本书是通往科学新世界的精彩旅途，让我们在当今的大数据时代背景下，反思过去，应对当下，预知未来。

18.《发明的故事》

作者：［美］房龙著，杨禾译

出版单位：金盾出版社

出版时间：2014 年

推荐语：

在这个世界上，没有什么东西是最珍贵的，唯一一样有价值的东西，就是敢于向人类的未知领域、敢于向没有得到解决的生存问题发起挑战的勇气和决心。人类的居所从土屋到砖房，再到阁楼，从几十人共住一屋到私有住宅，再到随着冷热气候来回搬迁，每一个变化都可以看出人类面对自然所表现出的智慧，也反映了文明的进步。

《发明的故事》用通俗的语言叙述了关于人类的一些最基本的发明故事，由《万能的人类》和《上古的人》两部分组成。《万能的人类》讲述了人类从蒙昧到理性的发展历程，它是一部人类自身进化和征服自然的简史，语言轻松幽默。《上古的人》讲述了上古时代两河流域的人类充分运用自己的智慧，发明各种工具，战胜各种险恶的环境，从而成为地球的征服者和万物之灵。通过阅读本书，你可以发现，人与动物最大的区别就在于人具有智慧，这种智慧是在发明创造中不断发展完善的，并推动着人类走向一个又一个的辉煌。它是一部人类发明简史，更是一部人类奋斗简史。

19.《科学失误故事》

作者：陈仁政

出版单位：北京出版社

出版时间：2004 年

推荐语：

爱因斯坦说："一个人在科学探索的道路上走过弯路、犯过错误并不是坏事，更不是什么耻辱，要在实践中勇于承认和改正错误。"《科学失误故事》主要讲述了科技史上几十个领域有关失误的故事。

在科学历史上，失误与失败的例子数不胜数。英国物理学家麦克斯韦写成了"电磁理论"，但被当时的人们讽刺为"纸上发现"的失误而受到冷落。过了几年后，他所提到的电磁波，被德国的物理学家赫兹发现了，证实了这个理论，并被广泛应用于各个领域，因此人类进入了"电气时代"和"无线电时代"。无线电通信、电脑、手机给我们的生活带来了很大的方便。激光的发明人之一汤斯（Charles Hard Townes）曾怀疑为它申请专利是否值得，开尔文（Lord Kelvin）认为 X 光是对公众的欺骗，英国邮政管理局总工程师普利斯在贝尔（Alexander Graham Bell）发明电话后说，它不会在英国流行，因为伦敦有足够的小邮差……

前人的失误也让我们吸取了教训，我们一定能从前人的失误中得到启迪而有所收获。让我们一起阅读科学经典，一起打开科学大门，回看科学历史，解读科学奥秘！

20.《小脑袋，甜念头——日常生活中的科学》

作者：［加］杰·英格拉姆著，陈璐译

出版单位：湖南科学技术出版社

出版时间：2011 年

推荐语：

科学家们并不是只对能获得诺贝尔奖的问题感兴趣，对于我们生活中的疑问和生命中的烦恼，对于我们每天会做的事情、会看到的现象、会听到的想法，他们都会去研究，并进行有趣的实验。“寻找和记住花朵只是蜜蜂脑力劳动的开始步骤，当负责寻找花丛的工蜂回到蜂巢把发现告诉其他工蜂的时候，蜜蜂的大脑才真正开始活跃起来。报信的工蜂跳起奇妙的舞蹈，用不同的舞步和不同的舞蹈力度告诉同伴食源的质量好坏、距离远近和具体的方位”。实验发现，蜜蜂不仅脑海中存在着“地图”，它们还有出色的数学能力。

《小脑袋，甜念头——日常生活中的科学》中每一个主题所讲述的事情都可能在接下来的时间出现在你的生活里。本书的作者英格拉姆是个魔术师，自然界与物理学中原本错综复杂的奇事，经过他巧手一变，都成了有趣的故事。

普通读者经常忽视日常生活中的科学知识。事实上我们需要改变这种成见。一方面，日常生活中的科学小知识通俗易懂，更重要的是，如果你能够更好地了解你所在的这个世界，你的生活将由此变得更加有趣。

六、艺术体育

序号	作品名称	作者 / 编者	出版单位	出版时间	建议级别
1	给孩子的第一套艺术鉴赏书	中央美术学院美术馆	中央编译出版社	2013	4
2	艺术中华	任犀然	当代世界出版社	2012	4
3	中国原创绘本精品系列	符文征等	浙江少年儿童出版社	2012–2014	4
4	推手	李安	台湾中影公司	1991	4
5	我们这一代：最初的面孔	肖全	南方日报出版社	2014	5
6	艺术家的故事	谢友国	湖南人民出版社	2011	5
7	梅兰芳	陈凯歌	中国电影集团公司	2008	5
8	霸王别姬	李碧华	花城出版社	2001	6
9	五环旗下的中国	孙晶岩	人民文学出版社	2008	6
10	戏曲故事	张晓风	时报文化出版事业有限公司	1982	6
11	一画一世界：教你读懂中国画	罗淑敏	广西师范大学出版社	2012	6
12	中国美术鉴赏十六讲	杨琪	中华书局	2008	6

序号	作品名称	作者 / 编者	出版单位	出版时间	建议级别
13	祖父的六抽小柜	杨凯麟	上海人民出版社	2014	6
14	故宫的风花雪月	祝勇	东方出版社	2013	超
15	你能读懂的中国美术史	杨琪	中华书局	2011	超
16	游艺黑白——世界钢琴家访谈录（上、下）	焦元溥	生活·读书·新知三联书店	2010	超
17	再见传统（1~4）	吕胜中	生活·读书·新知三联书店	2003、2004	超
18	中国古代体育	任海	中国国际广播出版社	2011	超
19	中国古建筑二十讲	楼庆西	生活·读书·新知三联书店	2001	超
20	中国美术史百题	谭天	中国青年出版社	2006	超

1.《给孩子的第一套艺术鉴赏书》

作者：中央美术学院美术馆

出版单位：中央编译出版社

出版时间：2013 年

推荐语：

顾名思义，这套书是为少年儿童提供的一部艺术入门读物。全套绘本分为三册，分别为《人物篇——徐悲鸿和他的画家朋友们》《静物篇——画中的小秘密》和《风景篇——艺术家眼中的四季》，以徐悲鸿等十几位“国立北平艺专”时期名家的作品为鉴赏对象，教小朋友们怎样欣赏美术作品。因为主要是以少年儿童为目标读者群，所以这套书的编法不同于一般的艺术理论书籍，也不像画册、博物馆似的仅仅是作品陈列，而是通过一个个有趣的小故事，配上精美的原创插画，有时甚至还有顺口的童谣，把鉴赏的过程串联起来。不过，你不要因为这是“给孩子”看的书就轻视它哦，翻阅这样的一套书，既能从比较简单的汉语中了解到美术专业知识，又能近距离接触到中国现代美术名家的艺术创作，实在是一举两得！

2.《艺术中华》

作者：任犀然

出版单位：当代世界出版社

出版时间：2012 年

推荐语：

说到“艺术”，你会想到什么？它包含哪些内容？对中国的艺术，你又有多少了解？是的，艺术包括书画、音乐、戏剧、雕塑等很多方面，比如大家所知道的京剧、到北京一定会参观的故宫、你可能曾经欣赏过的一幅毛笔字等，这些都属于艺术的范围。但是，这些有意思的内容，因为它们的专业性，留学生读起来往往会有些困难。因此，我们向大家推荐这本《艺术中华》，它最大的特点就是配有英文注释，便于留学生对照阅读。同时它还附有大量图片，能够给读者最直观的感受。书中包含“中国建筑”“中国雕塑”“中国书法”“中国绘画”“中国音乐、歌舞与戏剧”“中国服饰”“中国古代家具、日常用具”“中国民间艺术”“中国玉、陶瓷、工艺品”等九个部分，是对中国传统艺术的全面介绍。它将带领你走近中国艺术，了解中华文明。

3.《中国原创绘本精品系列》

作者：符文征等

出版单位：浙江少年儿童出版社

出版时间：2012—2014 年

推荐语：

近年来，“绘本”这一图文并茂的图书形式十分受读者欢迎。在引进了众多国外优秀绘本作品的同时，出版社也逐渐推出了中国人自己创作的绘本。其中，《中国原创绘本精品系列》十分引人注目。这个系列里，有改编自传统故事《崂山道士》的《穿墙记》；有描述童年记忆的《童年的梦》；还有从几个象声词出发，展示生命循环轮回的《啊呜》……这些图书，既有精美的绘画，又有简明但富有深意的文字，非常好看。而且，虽为系列出版物，但各册之间并没有密切的内容联系，感兴趣的读者可以根据自己的时间和爱好自由地选择其中的全部或部分来阅读。

4.《推手》

导演：李安

出品：台湾中影公司

出品时间：1991 年

推荐语：

如果你喜爱电影，那么你一定听过李安的名字。提到这位首位获得奥斯卡金像奖最佳外语片奖的华人导演，也是首位两度获得奥斯卡最佳导演奖的亚洲导演，人们很快就会想到《卧虎藏龙》《断背山》《少年派的奇幻漂流》等一系列世界闻名的电影。但许多人却不知道，李安早年在台湾所拍摄的“家庭三部曲”，就十分打动人心。作为“三部曲”中的第一部，《推手》可以说是其中情节和语言最简单、最老少皆宜的一部作品。影片讲述了太极拳教练老朱被儿子接到美国后，因文化差异与美国儿媳妇、作家玛莎产生种种矛盾的故事。它以太极拳中的“推手”为线索，借用太极拳“平衡、制约、以柔克刚”的理念，表现了对父子两代人的关系、对中西文化的冲突与融合的思考。

5.《我们这一代：最初的面孔》

作者：肖全

出版单位：南方日报出版社

出版时间：2014 年

推荐语：

本书是一部人物摄影作品集，它所拍摄的对象都是 20 世纪 50 — 60 年代之间出生的知名文艺界人士，他们曾经是当今中国文艺界的精英，如诗人北岛、作家余华、画家陈丹青、导演张艺谋、演员姜文、歌手崔健、舞蹈家杨丽萍等。全书可以说是一部当代文艺界的影像档案。在照片之外，配有文字说明，或者是照片拍摄过程的描述，或者是关于拍摄对象的一两个小故事，都简短而富有诗意，特别能体现人物性格特点。正如作者所说，在这些既漫长而又匆忙的日子里，“我”和“我”书中的这些朋友们都又重新经历了很多很多的事，这些事都正在或已经成为遥远的过去。这不只是一部摄影集，更是对一个时代的记录与回忆。透过书中的照片与文字，你可以看到这一代人的坚持与犹豫、欢乐与悲伤。

6.《艺术家的故事》

作者：谢友国

出版单位：湖南人民出版社

出版时间：2011 年

推荐语：

本书的简介中这样写道：“艺术与人类一同诞生，不论何时何地，艺术作为人类精神、情感的体现，一直都在记录着人类精神文明的发展。艺术从不孤单，它与人类的经济、政治、社会、文化等有着密切的关系，是人类存在最有力的证明。”因此，艺术可以反映社会生活和艺术家的故事，也可以作为人类社会的一个特写。本书收录了 218 个古今中外画家、书法家、音乐家的小故事。在这一个个小故事中，我们仿佛可以看到那些历史上著名的艺术家们，就活生生地站在我们面前，表现着他们风趣幽默、平易近人的另一面。至于他们都有谁，请允许我在这里省略吧。因为，太多故事的主人公都是我们熟悉的大艺术家，相信你一翻开目录，就能看到一个个耳熟能详的名字。坦白地说，书中的故事可能并不一定都是完全真实的，但这并不代表它们没有趣味。每个故事篇幅都不长，只有几百或一千多字，读起来令人轻松愉快，是适合汉语学习的材料。

7.《梅兰芳》

导演：陈凯歌

出品：中国电影集团公司

出品时间：2008 年

推荐语：

梅兰芳可以说是中国近代最著名、最杰出的京剧表演艺术家，甚至对于很多人（尤其是外国观众）来说，梅兰芳就是中国戏剧的代名词。梅兰芳 1894 年出生于北京的一个梨园世家，8 岁学艺，11 岁登台，后来成长为京剧表演“四大名旦”之首、“梅派”艺术创始人。同时他也是享有国际盛誉的艺术表演大师，曾出访日本、美国、前苏联等国，其戏剧表演理论与实践被称为“世界三大表演体系”之一。梅兰芳所表演的《贵妃醉酒》《黛玉葬花》《游园惊梦》《霸王别姬》等剧目，至今仍是京剧表演史上里程碑式的代表作。在经历了战时息影、战后重新登台这样一系列的曲折之后，1961 年，梅兰芳病逝于北京。陈凯歌导演的这部电影，就以传记片的形式，展现了梅兰芳传奇的一生。从影片中，我们可以了解他的艺术成长之路、他的理想与气节、他的爱情与友情……

8.《霸王别姬》

作者：李碧华

出版单位：花城出版社

出版时间：2001 年

推荐语：

很多人都看过由陈凯歌执导，张国荣、巩俐、张丰毅领衔主演的电影《霸王别姬》。这部电影在国际上获得了许多赞誉。但并不是所有人都知道，电影是改编自香港女作家李碧华创作的同名小说。严格来说，这部书应该算是一部文学作品，可以归入文学类。但因为小说讲述的是发生在梨园行中的故事，主线是程蝶衣和段小楼这一对师兄弟在戏中与现实生活中的情感纠葛。电影中我们还能欣赏到京剧表演的经典名段，因此我们在艺术类阅读中诚恳地向大家推荐这部书。不只是京剧，不只是同性之情与异性之爱，作品更让我们动容的是人生如戏、戏如人生的纠结，是对感情的忠诚与背叛，是时代大变迁中个人命运的浮浮沉沉。相信你看过小说后，会比看电影有更深刻的感受，也更能体味汉语的意蕴。

9.《五环旗下的中国》

作者：孙晶岩

出版单位：人民文学出版社

出版时间：2008 年

推荐语：

四年一度的奥运会是世界性的体育盛事，它总是吸引着全世界所有人的目光。但是，在欣赏各种激烈的赛事、为运动员的精彩表现喝彩的同时，又有多少人想到过：奥运会的组织者为此付出了怎样的努力和艰辛？电视镜头的背后还有多少动人的故事呢？本书是唯一一部全景式描写2008北京奥运的长篇报告文学，它的作者是唯一获准参加北京奥运新闻中心组织的所有采访活动的中国作家孙晶岩。作者以最直观、最真实的视角，记录了中国筹办奥运会的历程：两次申奥，究竟有哪些幕后功臣和鲜为人知的细节？港澳台侨胞和外国友人怎样积极支持？运动员们怎样奋斗备战？鸟巢、水立方是如何建成并成为北京新地标的？安全、食品、环保这些大家最关注的问题又通过什么方式得到保证？残奥会上，残疾运动员怎样与健全人一样展现自己的风采？……所有的这些问题，在本书中，你都可以找到答案。

10.《戏曲故事》

作者：张晓风

出版单位：时报文化出版事业有限公司

出版时间：1982年

推荐语：

台湾的张晓风，是一位以写美文、写人生感悟见长的著名散文家。读了她写的这本《戏曲故事》才知道，原来张女士讲起故事来也是一把好手。本书是用散文的形式来讲传统的戏曲故事。从元代到明清的戏曲，被很多专家学者认为是中国古代戏曲的最高峰。但遗憾的是，在今天的中国，即使是本国的年轻人，喜好戏曲的人也不太多了，已经没有多少人能够有耐心或者有能力去读一部部古代剧本甚至曲谱了。在这样的情况下，这本《戏曲故事》可以说是从一定程度上弥补了这种遗憾。它帮助我们了解最著名的戏曲故事，如《窦娥冤》《赵氏孤儿》《西厢记》《牡丹亭》等，把一个个古代戏剧史上的人物活生生地展现在我们面前，十分具有可读性。

11.《一画一世界：教你读懂中国画》

作者：罗淑敏

出版单位：广西师范大学出版社

出版时间：2012 年

推荐语：

“一画一世界”，一看这书名，我们似乎就被带入了中国画充满想象空间的意境之中。从画里的风景人物，到画中蕴含的境界，再到画家的思想性格……作者通过一幅幅作品的讲解，为我们形象地展现了什么是中国画“重传承”“重写意”“重空灵”“重抽象”的特点。而书的副标题“教你读懂中国画”，则清楚地说明了作者写本书的目的，那就是为大家提供一本中国画鉴赏的入门读物，让不是美术专业的你也能够较为容易地掌握欣赏中国画的一些基本技巧。阅读这本书之后，我们就可以踏上国画欣赏之路。特别值得一提的是，虽然这本书的主题内容是中国画，但在书中，作者经常把中国画与西方画进行比较，使我们更能体会在两种不同的文化背景下形成的两类不同绘画风格。

12.《中国美术鉴赏十六讲》

作者：杨琪

出版单位：中华书局

出版时间：2008 年

推荐语：

一般的美术鉴赏书，通常是告诉我们一幅画有怎样的优点，一个流派如何变化发展等，而《中国美术鉴赏十六讲》却不一样。本书主要是以人物专题的形式，介绍中国美术史上若干位著名艺术家的故事，如明朝“四大才子”之一的唐伯虎、清代善于画竹的郑板桥、近现代画家徐悲鸿和张大千等。与此同时，再通过他们，介绍相关的美术方面的历史、特色、专业技巧等。因为是以人物为纲，以美术为内容，所以本书兼有美术鉴赏和人物传记两方面的特点，比较有可读性。轻松愉快地阅读这样一本书，就能大致地了解中国传统美术的历史。另外，本书实际上是北京电视台《中华文明大讲堂》节目中一部分讲稿的文字整理，所以如果你有兴趣，还可以配合电视节目一同观看。

13.《祖父的六抽小柜》

作者：杨凯麟

出版单位：上海人民出版社

出版时间：2014 年

推荐语：

你知道“六抽小柜”是什么吗？就是有六个抽屉的小柜子。也许，我们每个人家里都有一个或者几个这样古老的小柜子、小盒子吧？我们用它们收藏着小时候的一些东西，可能多年来你都没有再想起过它，但是，突然有一天翻出来了，马上就能感受到一种“与老东西相处的真实感动”。这本以“祖父的六抽小柜”为名的书，角度很新颖，情感很细腻，书中不仅描述了这样一个有些神秘的小柜子，还有箱子、沙发、娃娃、石狮子等一系列带着传统或儿时记忆的东西。在这位旅居法国多年、最后回归台湾的作者眼中，台湾的很多老古董、老物件都消失了，这是非常遗憾的事情。因此，他通过对近百件老物件历史和故事的讲述，表达了自己对台湾民间艺术的感情。全书以古董为线索，以对历史的追思和怀念为基调，表现了作者对旧日文明与现代发展的人文思考。书中配有精美的插图，使人赏心悦目。

14.《故宫的风花雪月》

作者：祝勇

出版单位：东方出版社

出版时间：2013 年

推荐语：

这本书描述的是故宫中的书画。作者精心选择了《兰亭序》《清明上河图》《韩熙载夜宴图》等大名鼎鼎的作品，读后你会明白，之所以选择它们为书写对象，并不仅仅是因为这些作品多么著名，而是因为在它们的背后，都隐藏着一段历史。就像作者所说的，这“不是一部艺术史的学术著作，它只是一场游戏，也是一场精神上的寻根之旅”，因为“故宫是死物，但那些书画却是活的”。作品产生的朝代都已经更替，创作者都早已逝去，与他们有关的故事也逐渐被淹没在历史的尘埃中。但这些作品仍然存在着，忠实地记录着那些不应忘怀的过去……

15.《你能读懂的中国美术史》

作者：杨琪

出版单位：中华书局

出版时间：2011 年

推荐语：

很多人都明白一个道理：只有热爱一种事业，才能把它做好。我们在选择推荐给大家的阅读书目时，这是一条很重要的标准。因此，大量的艺术类推荐图书中，我们能看到的都不只是一些知识或理论，还有从字里行间中流露出来的作者对艺术的热爱。本书书如其名，有两个特点：第一，这是一本专门史，通论性地介绍“中国美术史”的发展。从所谓“准艺术”的序幕时期到画工画，再到院体画，最后到文人画，图书介绍了每一个阶段变迁发展、从繁荣到衰落的过程，介绍了中国古代美术在不同历史时期发展的共性及差异；第二，作为一本专业性较强的书籍，它的内容是相对比较通俗易懂的，是“你能读懂的”。书中既有对美术发展脉络的梳理，理论性的阐释和思考，也有对代表性画家与作品的描述赏析，其间还穿插着艺术家的小故事，生动而有趣。

16.《游艺黑白——世界钢琴家访谈录》（上、下）

作者：焦元溥

出版单位：生活·读书·新知三联书店

出版时间：2010 年

推荐语：

你能想象一个毫无专业背景、职业背景的人，能够采访到50多位世界一流的钢琴家，记录下他们对音乐的感悟吗？本书的作者竟然就做到了！他凭借着自己对音乐的热爱、对钢琴的执着，花费了五年的时间，遍寻欧洲、美洲、亚洲的多位钢琴家，对他们进行采访，最后形成了这部上、下两册的访谈录。与大师的思想碰撞是自由的，但访谈也有大体一致的框架：一般他们都从钢琴家的教育师承谈起，接下来是个人事业发展中的重要片段，然后结合其演奏特点，谈技巧、作品或有关联的作曲家、演奏家、指挥家等。对音乐爱好者来说，本书是名家名曲的汇集；对钢琴学习者来说，本书是有深度的教材；对音乐史研究者来说，本书是难得的研究材料；对爱听故事的普通人来说，本书是好玩的小故事集……总之，无论是哪一类读者，都能从中找到自己感兴趣的内容。所以，去读吧，你不会失望。

17.《再见传统》(1~4)

作者：吕胜中

出版单位：生活·读书·新知三联书店

出版时间：2003、2004年

推荐语：

一拿到这套共四册的书，相信你跟我一样，马上就会被它富有特色的装帧设计吸引住眼球——大红大绿的色彩，封面的“再见”与封底的“传统”两个词分离排列而又遥相呼应，叠加在汉字书名上的窗花、面人、花轿等图案，无一不是中国传统民间艺术的代表符号。其实，无论在哪个国家、哪个时代，民间艺术总是相对不受重视，被认为是“乡土”、不登大雅之堂的。

但对于一个外国人来说，它反而是最有意思、最有区别性的。我们常说，“民族的就是世界的”，意义恐怕正在于此。民间艺术的创作者们不一定是专业人士，他们的创作也不是源于高深的理论素养或出于物质功利的目的，他们就是用自己的双手，表现着心底对美好生活的向往与追求。本书作者是一位大学的美术教授，本身也是剪纸艺术家，他个人的美术作品就很好地融合了传统理念与现代手法。本书是他关于民间艺术的随笔集。

18.《中国古代体育》

作者：任海

出版单位：中国国际广播出版社

出版时间：2011 年

推荐语：

在全世界的人都在为足球疯狂的今天，你有没有想到过，中国人在几千年前就已经发明了足球？不过，那个时候，人们把足球叫作“蹴鞠”；同样的，现代社会流行的高尔夫球，早在中国的宋代也已经出现，那时的人们把它叫作“捶丸”……如果你想了解更多关于中国古代体育文化的知识，可以阅读这本《中国古代体育》。书的前六章分别介绍了古代球类运动、田径、游泳、滑冰、摔跤、举重等；第七、八两章是中国独特的养生气功和风筝、秋千、龙舟等民俗体育；最后一章总结了中国古代体育的六个主要特点。全书以历史的眼光，讲述了各种古代体育运动的起源与发展，让人仿佛能够看到一幅幅古人欢快运动的画面。借用作者自己的一句话：“让我们沿着历史的足迹，去浏览一下那些主要的中国古代体育活动的风姿吧。”

19.《中国古建筑二十讲》

作者：楼庆西

出版单位：生活·读书·新知三联书店

出版时间：2001 年

推荐语：

在当今时代，各个大城市越来越相似，走到哪里，似乎看到的都是高楼大厦林立。作为一名外国人，如果你来中国旅游，相信你会更愿意看到带有中国传统特色的古代建筑，比如寺庙、宫殿、园林等，它们是中国传统建筑艺术的代表，是多年来保存下来的"中国元素"。本书以讲座的方式编排，共分 20 讲。作者从云南丽江地震时"墙倒屋不塌"的奇妙现象说起，系统地介绍了中国古代建筑的特点、历史、城市规划及建筑元素特征，既有理论概述，也有个体描写，并配有 300 余幅精美图片。因为其中有一部分较为专业的词汇或内容，我们把它推荐给对中国古建筑特别感兴趣、汉语水平较高的同学阅读。

20.《中国美术史百题》

作者：谭天

出版单位：中国青年出版社

出版时间：2006 年

推荐语：

人类的历史有多长，美术的历史就有多长。从原始社会最朴素的壁画到现代社会形形色色、风格多样的艺术创作，数不清留下了多少美术家与美术作品。在这样海量的资料中，作者"按中国美术发展的历史顺序，选出公认的各个时期有代表性的美术现象、画家、作品、遗迹和著作，分成100个专题进行介绍，并结合文字配有图例。希望帮助读者对这些影响整个中国美术发展进程的重要事物，有一个较完整的了解。而通过这些了解，又能将每一历史时期的美术状况勾画出一个大概的轮廓，进而对中国美术的发展有一个较系统的认识”。作者编著的一个主要目的，就是为读者提供一本既能全面反映从远古到近代的中国美术史，又突出重点、便于阅读的通俗性、常识性读物。应该说，本书很好地实现了这一目标。

七、哲学社科

序号	作品名称	作者 / 编者	出版单位	出版时间	建议级别
1	受益一生的情绪控制课	唐华山	人民邮电出版社	2013	6
2	生当优秀	周国平	求真出版社	2012	5
3	孟子（精华版）	蔡希勤	华语教学出版社	2006	6
4	禅的气场	弘逸	北京时代华文书局	2013	6
5	中庸：仁善忠恕的处世之道	(春秋)子思原著，孙虹钢译解	北京理工大学出版社	2014	6
6	漫画《论语》(全译本)(上、下)	于健	北京语言大学出版社	2011	6
7	新编弟子规	王汉卫、苏印霞	北京大学出版社	2012	5
8	老子：修养心性的生命哲学	(春秋)李耳原著，孙虹钢译解	北京理工大学出版社	2014	6
9	一花一世界：跟季羡林品味生活禅	季羡林	重庆出版社	2012	6
10	中国人的生活哲学	李钢	华语教学出版社	2009	5
11	认识中国人	袁牧、张桦、那天野	华语教学出版社	2009	5
12	中国古代哲学	陶黎铭、姚萱	北京大学出版社	2010	超
13	当代中国微记录（1~10）	李禄兴	华语教学出版社	2013	5
14	石述思说中国	石述思	九州出版社	2012	超

序号	作品名称	作者 / 编者	出版单位	出版时间	建议级别
15	定位中国：认清我们的时代和时代中的我们	童大焕	东方出版社	2013	超
16	时论中国	厉以宁、艾丰、石军	中国工人出版社	2013	超
17	解读道德经	蔡希勤	华语教学出版社	2009	6
18	老人家说系列	蔡希勤	华语教学出版社	2006	6
19	中国哲学简史	冯友兰	生活·读书·新知三联书店	2009	超
20	学圣人　悟做人	欧阳敏	海潮出版社	2014	6
21	年轻时：张颐武解读人生警语	张颐武	中华工商联合出版社	2013	5
22	既要成功　也要成仁	潘石屹	江苏人民出版社	2013	6
23	成功是和自己的较量	王石	北京联合出版社	2012	6
24	儒的气场	杜大宁	北京时代华文书局	2014	6
25	大学（精华版）	傅云龙、蔡希勤	华语教学出版社	2006	6
26	中庸（精华版）	傅云龙、蔡希勤	华语教学出版社	2006	6

1.《受益一生的情绪控制课》

作者：唐华山

出版单位：人民邮电出版社

出版时间：2013 年

推荐语：

你是否发现，当自己高兴的时候，做什么事情都很顺利；当自己生气愤怒的时候，常常会做出一些让自己后悔的事情。这都是情绪在发挥作用，情绪的好坏关系到我们的生活质量、身体健康和职场发展。因此，学会控制好自己的情绪，是每一个人一生中都必须学习的重要一课。让自己拥有一个健康的心态，是很多人追求的目标。《受益一生的情绪控制课》能对期待改善自我情绪的人有所帮助。本书的内容包括“正确认识情绪才能有效掌控情绪”“做情绪的主人而非奴隶”“积极的心理暗示可以助你成功”“我的职场我做主”“为心灵洗洗澡，为情绪排排毒”“人生要快乐，好情绪带来好结果”等几部分。本书用精炼的文字系统地介绍了有关情绪的相关知识，介绍了正确的情绪理念，告诉人们如何在日常生活与工作中科学地掌控自己的情绪。理念新颖，案例精彩，方法实用，易于掌握。

2.《生当优秀》

作者：周国平

出版单位：求真出版社

出版时间：2012 年

推荐语：

每个人都希望自己是优秀的，可什么是优秀？怎样才能做到真正的优秀？优秀其实分很多方面。《生当优秀》这本书中所说的优秀，是从人性的意义上说的，就是要把做人的禀赋发展得尽可能好，让人性的品质在自己身上实现。这些品质可以概括为四项，即善良的生命、丰富的心灵、自由的头脑、高贵的灵魂。善良的生命包括“生命、同情、爱、爱情、友谊”等内容；丰富的心灵包括“心灵、闲适、简单、超脱、自足、幸福、苦难、孤独、沟通”等内容；自由的头脑包括“思想、智慧、阅读、教育、文化、创造、成功、幽默”等内容；高贵的灵魂包括“灵魂、理想、追求、信仰、道德、尊严、人性、人生”等内容。这本书按照这四个方面，从作者的作品中摘选相关的内容，编成了这本语录体的小书。文章深入浅出，适合留学生阅读。

3.《孟子》（精华版）

作者：蔡希勤

出版单位：华语教学出版社

出版时间：2006 年

推荐语：

中国人尊称孔子为“圣人”，那你听说过“亚圣”这个称呼吗？你是不是听过“孟母三迁”的故事？这些说的都是中国历史上在孔子之后的另一个有名的思想家——孟子。孟子幼年时得益于母亲的教诲，后来成了子思的学生。《孟子》七篇是中国儒家经典之一，书中记载了孟子及其弟子的政治、教育、哲学、伦理等各方面的思想观点和政治活动轨迹，是研究儒家学说及其发展的重要典籍，也是了解孟子本人及其学派的重要依据与资料。孟子把孔子的核心思想“仁”发展为“仁政”，提出“民贵君轻”说，体现了儒家的重民思想，反对统治者的武力兼并，主张“仁政”是统一天下的基础。孟子还强调养心、存心等内心修养的功夫，成为中国思想史上心学的鼻祖。《孟子》（精华版）一书对原有篇章有所删减，又增加了一些注释和精美插图，古文和现代汉语对照，汉语和英语对照，方便海内外读者阅读理解。

4.《禅的气场》

作者：弘逸

出版单位：北京时代华文书局

出版时间：2013 年

推荐语：

佛，并不是遥远与虚无的，而是一种健康活泼的生命状态。那些高僧不管站在哪里都有一种气场环绕在周围，这就是吸引力，一种强大的能量，能影响周围的人和事。你是否也希望自己成为一个气场强大、内心平静的人呢？《禅的气场》将佛法智慧与尘世生活紧密结合，边读边悟，能使人的心灵从佛的气息中得到洗涤，让自身的气场变得和善、慈爱、博大，无形中拉近与他人的距离，实现和谐、温情的人际关系，迎来超脱的大境界。书中告诉大家，佛心智语中那些充满智慧的感悟，好像山间清泉一样，悄无声息地从心田流过，美化滋润着人生，这些智慧都在无形中增强了我们的气场。气场由心而发，佛家讲究清净心，心清净了，自然有了智慧。处理一切事务，就不会有错误，不会有偏差。是非、邪正、善恶，就看得清楚，看得明白。本书结合了大量案例故事，有趣生动，深入解读佛家智慧，吸取佛家正能量，从而有效掌控、培养和提升自己的气场。

5.《中庸：仁善忠恕的处世之道》

作者：（春秋）子思原著，孙虹钢译解

出版单位：北京理工大学出版社

出版时间：2014 年

推荐语：

中国人很讲究“中庸之道”，评价一个人的处世态度的时候，我们也经常说：“这个人比较中庸。”究竟什么是“中庸”？对外国人来说，这个概念比较难以理解。那就来研读一下《中庸》这本书吧！《中庸》是儒家学派最为重要的经典之一。要了解儒学，《中庸》是必读书目之一，具有很高的文化价值。《中庸》是平民的哲学，其核心思想是“中庸之道”。“中庸之道”主张待人接物采取不偏不倚、调和折中的态度。从某种意义上来说，宋明理学之所以能达到时代哲学的高峰，并成为本体化、哲学化的思潮，是和《中庸》的思想密不可分的。《中庸：仁善忠恕的处世之道》这本书将《中庸》的思想精华积聚起来，摘取经典段落，进行精准解释，并结合具体案例进行分析，将经典内容阐释得淋漓尽致。把经典与现代、原著与趣味性较好结合在一起。

6.《漫画<论语>》（全译本）（上、下）

作者：于健

出版单位：北京语言大学出版社

出版时间：2011 年

推荐语：

孔子是中国古代伟大的哲学家、思想家。《论语》是记录孔子和他的学生们言行的书，该书内容广泛，比较系统地记述了孔子关于政治、哲学、文学艺术、教育和道德修养等方面的言论，是研究孔子思想的重要资料。因此，要想了解孔子的思想，就必须要读一读《论语》。但由于留学生在阅读古代汉语时有一些困难，所以阅读《论语》成为很多留学生想做却又难以做到的事情。

《漫画〈论语〉》是一本专门为外国人学习《论语》、了解孔子思想和言行而编写的课外读物。全书分上、下册，收录了《论语》的全部内容，每句都用 1~3 幅生动形象的漫画对原文进行说明。原文配有汉语拼音，中英文释义及原文朗读录音，还配有编者对原文释义的进一步提炼和概括，可以帮助读者深入了解《论语》，是外国人学汉语的理想文化读物。

7.《新编弟子规》

作者：王汉卫、苏印霞

出版单位：北京大学出版社

出版时间：2012 年

推荐语：

你知道吗？在中国古代，小孩子们都要学习一本书，这本书教给每个孩子在家、出外、待人、接物及学习上应该遵守什么样的礼仪和规范，特别讲求家庭教育和生活教育。这本书就是《弟子规》。《弟子规》所体现的观念文化以《论语·学而》为基础，可以说，儒家思想的精华在这部短短的《弟子规》里得到了完整体现。《弟子规》三字一句，分为五个部分进行讲述，是孩子启蒙，道德培养，养成忠厚家风的最佳读物。这本书用字较少，引用典故较少，相应地，学习难度也较小，而且《弟子规》成书较晚，虽是三字为句，语言相对浅显，容易理解。而改编后的《弟子规》既是传统的，也是现代的，形式上换用更简单的字，更接近现代汉语语感的表述方式，更容易理解和学习。

8.《老子：修养心性的生命哲学》

作者：（春秋）李耳原著，孙虹钢译解

出版单位：北京理工大学出版社

出版时间：2014 年

推荐语：

对外国人来说，中国人在处理事情和解决问题时的一些方式方法以及中国人的一些生活态度好像都是难以理解的。比如，经常听中国人说“无为”，“无为”就是什么也不做吗？“无为”的生活态度好吗？这些问题的答案都可以在《老子》这本书中找到。老子是中国伟大的哲学家和思想家，道家学派的创始人，他的思想主张是“无为”。《老子》又名《道德经》，是老子思想主张的集合，无论对古代中国的思想、哲学还是宗教都产生了深远的影响。全书共 81 章，仅 5000 字，但是意味深长，包罗万象。《老子：修养心性的生命哲学》精选《老子》各章的格言名句进行解释，并且结合当下的社会环境及现象进行分析，同时举古今中外的案例加以说明，书中包含大量辩证法观点、关于人性修养和养生之道的智慧之学，对当代人解决所面临的各种难题，促进人与社会、人与人以及人与自己的和谐相处都有帮助，使当今之人能够读古书，知其意。

9.《一花一世界：跟季羡林品味生活禅》

作者：季羡林

出版单位：重庆出版社

出版时间：2012 年

推荐语：

自古以来，中国人就主张“和谐”“天人合一”。“天人合一”就是说要“顺其自然”，不要去征服自然，要跟自然做朋友，互相尊重，不要讲征服，谁征服谁，都是不对的。“和谐”和“天人合一”的观点，有助于全世界人民互相理解，互相尊重，互相爱护。《一花一世界》这本书选编了季羡林先生各个年龄段写成的散文，这些散文有一个共同的特点，就是反映了“天人合一”的仁者情怀和和谐理念。书中散文的内容涉及人物、事件、动物、植物、时间、人生经历等，由一事一物引发出一些哲学思考，文笔清新自然，不难理解。书中所说的和谐是有三个层面的：人与人的和谐，人与自然的和谐，人内心的和谐。当下很多人的“和谐”观还仅仅局限在前两个层面，关注到“和谐”的真正基础——“内心和谐”的人并不多。相信这本书中的文字，能以其纯粹和平淡给人带来启迪和感动，让人思考什么是真正的和谐，并让自己的内心世界更和谐。

10.《中国人的生活哲学》

作者：李钢

出版单位：华语教学出版社

出版时间：2009 年

推荐语：

不同国家和民族的文化传统造就了不同的生活态度和生活哲学。在中国留学期间，你是不是感受到了跟自己国家不同的文化差异？是不是遇到过完全新鲜的处世经验？你是不是很想了解一下中国人的想法？《中国人的生活哲学》这本书是作者面向外国朋友，从中西生活、文化差异角度介绍中国文化的著作。本书分为“处世篇、家庭篇、德行篇”三个部分，从不同角度和场景介绍了30多个中国人待人接物的处世哲学，尽可能借案例叙事，通俗易懂地反映了博大精深、纷繁复杂的中国文化。读者可以通过这本书透视中国人的性格、价值观念和伦理准则。作者在本书中展示的今天的中国和中国人，把一个变动中的社会和民众中已保留了几千年的文化习俗真实地呈现了出来。通过此书，中外朋友都能从中华文化中了解中华民族的特点以及中国人的生活哲学。同时，本书中英文对照，可以很方便地帮助外国朋友理解书中介绍的内容。

11.《认识中国人》

作者：袁牧、张桦、那天野

出版单位：华语教学出版社

出版时间：2009年

推荐语：

2008年，初到北京读书的一位外国留学生看见满街奔跑的汽车，感到非常惊讶，问：“难道中国已经不用马车了吗？”这说明当时一些外国人对中国的了解还停留在几十年甚至上百年前。现在，越来越多的外国人来到中国，了解中国。很多到过中国的外国人在游览了长城、故宫，看过了高楼大厦和车水马龙之后，仍然意犹未尽，他们想更多地、更深入地了解这个古老而神秘的国度，特别想了解让这块土地焕发青春的人——中国人。很多外国友人都表示过对当代普通中国人日常生活有浓厚兴趣。《认识中国人》这本书，向外国朋友描述了中国人的现状。本书用平实的语言、真实的故事客观反映了中国典型人群的生活状况，介绍他们是如何工作、生活的，他们有怎样的烦恼和追求。人物包括儿童、青年、中年人、老年人。内容涉及求学、恋爱、工作、婚姻、养老等方面。相信读完后，你会说："噢，中国人原来是这样的！"

12.《中国古代哲学》

作者：陶黎铭、姚萱

出版单位：北京大学出版社

出版时间：2010 年

推荐语：

在学习中国历史和文化时，你是不是常常听到孔子、庄子、孟子这些古人的名字？你想不想了解一下他们的代表思想和哲学主张？可是很多留学生一听到"哲学"这个词就感到头疼，下面我给大家介绍一本书，既能全面了解中国古代的哲学思想，又不会让你感到很头疼，这本书就是《中国古代哲学》。

这是一本介绍中国古代哲学的小书，全书围绕着中国古代哲学的主题，简明介绍了中国古代具有较大影响的众多哲学家的智慧，比如孔子、孟子、荀子、墨子、老子、庄子、韩非子、孙子、朱熹等。

本书选择了一些有趣的、显示智慧力量的话题，也选入了许多有趣的神话、寓言、成语、名言故事，一些在社会生活中处处可见的物品成了解读、追问哲学概念和命题的阶梯，具有很强的趣味性。同时采用了在不同文化之间进行比较的方法，注重文本与读者的语言共享。文字通俗易懂、重点突出，尽可能地把哲学与生活、历史与现代联系起来。它是一本关于中国古代哲学的普及读物。

13.《当代中国微记录》(1~10)

作者：李禄兴

出版单位：华语教学出版社

出版时间：2013 年

推荐语：

对于初到中国的留学生来说，中国社会的方方面面都是新鲜而让人充满好奇的。比如：怎样去商店购物？吃点什么好？校园生活有哪些方面？中国人的家庭生活是什么样的？去旅行时要注意什么？了解中国可以从细微处开始，《当代中国微记录》这套丛书可以满足初到中国的留学生了解中国和中国人的需要。

这套书共 10 册，每一册着重介绍中国的一个方面，例如：饮食、交通、家庭等。针对新 HSK 水平考试五级以上，尽可能将词汇量限定在 2500~5000 词范围以内，超范围词汇在词后直接加英文注释，以方便学习者阅读和理解。这套书用简洁的语言和家长里短的故事，将当今中国的各个侧面展现在汉语学习者面前，可以达到边学汉语边了解中国的目的。每册书大概只有 10000 个汉字，并全部配有汉语拼音，书中有大量图片，便于学习者理解内容，对中国有更直观的认知。

14.《石述思说中国》

作者：石述思

出版单位：九州出版社

出版时间：2012 年

推荐语：

当今的中国在经济上取得了快速发展，但同时也存在一些社会问题。比如春节回家拥挤的火车和交通现状，孩子的教育问题，高涨的房价让年轻人买不起房子，老年人的医疗保障问题等。石述思是中国的资深媒体人，曾七次获得中国新闻奖。本书是一本关系中国民生的良心之作，面对教育、住房、医疗，还有公平、贫富差距等很多社会问题，作者客观地分析利弊，围绕当下中国社会面临的各种问题进行论述。内容分为政策之思、价值之辩、富贫之殇、教育之考、文化之思、时事随笔等几部分，分别从国家政策、价值观、贫富差距、教育问题、文化现象、热门话题等方面提示当下中国各阶层的矛盾。本书语言犀利而不激进，思想深刻而不哗众取宠，有高度的现实意义，是一本能真正反映当下中国社会真实现状的作品。

15.《定位中国：认清我们的时代和时代中的我们》

作者：童大焕

出版单位：东方出版社

出版时间：2013 年

推荐语：

“中国，请你停下飞奔的脚步”，这是本书作者童大焕的一篇博客文章，吸引了很多人的关注。现今的中国处于什么样的时代？未来又是什么样的时代？如何走向未来？十多年的时事评论生涯，使作者具备了“跨界思考”的能力，在时政、教育、城市化、法律、财经诸领域都有独到的研究。因此，在本书中作者对当下中国的国情国策做了一个全面、系统、独立的梳理与分析，深刻而清晰地为我们展示了一个真实、接地气的社会生活，精确地定位了中国的现状，让身处这片土地的每一个人更清晰地认识身边的人和事。本书一共九讲，基本上把作者认为当代大学生应该了解的基本国情和自我定位都囊括了，是一本系统深入的中国国情书。生活中并不缺乏美，而是缺乏发现美的眼睛，身处这个浮躁的时代，定位自己，发掘自己，守住属于自己的那份宁静，才能使生活充满期待！

16.《时论中国》

作者：厉以宁、艾丰、石军

出版单位：中国工人出版社

出版时间：2013 年

推荐语：

当今中国，是一个充满生机、活力和机遇的国家，也是一个存在陈腐、僵化和陷阱的发展中国家。观察和认识这个社会，适应和改造这个社会，是一个摆在每个人面前的无可回避的人生问题。如何才能正确地认识社会，并在纷繁复杂的现实中取得最大的共识？快速发展的中国需要记录下来。基于这种考虑，著名经济学家厉以宁、高级记者艾丰、法学博士石军主编了这套丛书。本套丛书以“主题文章、延伸阅读、名家观点”的形式，以两个月出版一辑的频度，集纳了最活跃的一批专家、学者对当今中国时政热点的思考。其内容从经济到社会，从文化到国际关系，均有涉及。就是要用思想来记录中国，帮助人们去认识当今中国，凝聚社会共识。丛书本着观察中国、剖析中国、记录中国的原则，所收录文章清新、朴实、简洁。每个专题分别辑录了主题文章、延伸阅读、名家观点三个板块，以长短相间、相辅相成的形式，既有深度又有广度，既有长论又有短评。《时论中国》丛书能够为当今中国留下一份独特的思想印记。

17.《解读道德经》

作者：蔡希勤

出版单位：华语教学出版社

出版时间：2009 年

推荐语：

中华民族的智慧有一半是来自《道德经》的，大家生活中一些高明的成语，例如“上善若水”“顺其自然”等都是来自《道德经》。中华民族“贵柔”的思想、以柔克刚，几乎都是来自《道德经》，这本书是大智慧。有一种说法，世界上的经典除了《圣经》之外，被翻译得最多的就是《道德经》，西文译本 500 种，影响巨大，流传甚广。它影响了西方哲学、辩证法，被称为“天下奇书”。为了帮助普通人读懂这部奇书，编者首先选用流传最广的通行本，同时也参照其他可以看到的版本进行解读注释。引百家之言，述而不作，力争使之成为一本通俗的大众读本。它可能不是权威的，也不是学术的，但能帮读者读懂这部书，了解它的实用价值。本书对《道德经》中的疑难字、词、语进行解读，力争通俗易懂，将书中的“箴言名句”作为重点标出，同时有英文翻译，便于读者理解。

18.《老人家说系列》

作者：蔡希勤

出版单位：华语教学出版社

出版时间：2006 年

推荐语：

中国有句俗话："不听老人言，吃亏在眼前。"意思是说老人家经历了很多事情，提出的建议一定是对年轻人有帮助的。老人家走的路多，吃的饭多，看的书多，经的事多，享的福多，受的罪多，可谓见多识广，有丰富的生活经验。在中国悠久的历史中，有无数的文化巨人，他们留下的千古名篇是人类文明的共同遗产。《老人家说系列》就是将各家各派的至理名言编辑而成的丛书，包括《孔子说》《孟子说》《老子说》《庄子说》《墨子说》《孙子说》《管子说》等，对原文加以白话文注释并译成英文，汉英对照，适合海内外有意于了解中国传统文化的广大读者。

19.《中国哲学简史》

作者：冯友兰

出版单位：生活·读书·新知三联书店

出版时间：2009 年

推荐语：

冯友兰先生的《中国哲学简史》是一本通俗易懂的普及读物。《简史》资料是古代的，眼光却是现代的。冯先生轻松驾驭着中国和西方两种哲学史观，来写作这部《简史》，思想资料是中国的，考虑哲学问题的眼光却是世界的。本书论述了中国哲学的精神，把中国哲学史从先秦诸子一直梳理到西方哲学的传入。内容包括了儒家、道家、墨家、名家、阴阳家、法家、新道家、佛学、禅宗等不同的哲学思想，人物涉及孔子、墨子、杨朱、孟子、庄子、荀子、韩非子、董仲舒、程颢、朱熹、陆九渊、王守仁等。而且本书是作者为西方读者写的，因此，它的内容和论述角度和为中国读者写时有所不同。每部分篇幅不长，论述深入浅出，适合较高汉语水平、对中国哲学感兴趣的留学生作为哲学入门必备书籍。

20.《学圣人　悟做人》

作者：欧阳敏

出版单位：海潮出版社

出版时间：2014 年

推荐语：

中国作为一个历史源远流长的国家，有自己的文化信仰，这个文化信仰就是儒家思想。儒家积极倡导圣人的状态，也就是无物，无我，达到一种极为自信、极为愉悦的精神状态。儒家解释所谓圣人就是达到完美境界的人。那么，我们普通人如何努力才能达到这样的最佳状态呢？《学圣人　悟做人》通过儒家学说的创始人孔子一生的经历告诉我们如何完善自己，不断提升自己。本书从孔子少而志学、成家立业、教书育人、已知天命、人生巅峰、周游列国、落日余晖等七个篇章，概括了孔子坎坷和辉煌的人生历程，讲述着一个又一个动人而又引人深思的哲理故事。我们都知道完美是不可能达到的，从学做圣人开始，到不断地挖掘自身的潜力，不断地完善自我，向完美接近。这样我们的人生质量也会提高到一个较高的层面，会让我们一生受益无穷。

21.《年轻时：张颐武解读人生警语》

作者：张颐武

出版单位：中华工商联合出版社

出版时间：2013 年

推荐语：

每个人年轻时都走过弯路，犯过错，吃过亏。很多人事后常常说："如果有人早点告诉自己年轻时应该怎么做，不应该怎么做就好了。"《年轻时》这本书就是作者在年轻时吃过亏、尝过苦头、受过益之后反思得到的一点点感想。作者认为时代在变，但做人的方法却是相通的。"年轻时"是对于大家曾经走过或正在走过的年轻时遭遇的问题、挑战和喜悦的一种表达。这部书是北大教授张颐武先生近年来对人生警语解读阐释的文字的结集，主要选自作者的微博。这些文字多数有一个程式，就是常以"年轻时"开头，以"古语说"引一句古语结束。这些 140 字左右的短短片段是作者认真写作的成果，也是作者人生体会和引用前人的警语结合的结果。这些警语多出于明清笔记，古人洞穿人情世故的通达、生命思考的透彻、待人接物的谦和、学习追问的执着都让人有茅塞顿开的感觉。

22.《既要成功　也要成仁》

作者：潘石屹

出版单位：江苏人民出版社

出版时间：2013 年

推荐语：

本书作者潘石屹被看作是当今中国最活跃、最具有鲜明个性的房地产领袖，在中国商业地产的发展过程中发挥了举足轻重的作用。他的人生经历是一个传奇，一个经典的中国梦。他从甘肃天水贫困地区奋斗成为中国屈指可数的成功企业家，为他人创造了不少就业机会。这本书并不是一个成功者的经验分享，而是一个成功者观看世界的眼光。正如潘石屹所言："很多年后，能够流传下去的更多的是精神性的东西，具体的经验肯定对将来是不适用的。"本书便是他最深层、最无私的告白。在这本书中，他敞开最私密的自我，提出自己对新世界的看法、对企业管理的理念、对财富的态度以及对精神世界的领悟，他用自身的经历找到了一条从物质到精神的解放之路。本书既提供了基于物质走向成功的方法，也提供了基于精神走向开悟的途径。

23.《成功是和自己的较量》

作者：王石

出版单位：北京联合出版社

出版时间：2012 年

推荐语：

他是中国地产第一品牌的董事长，是房地产界的领军人物；他是一名户外极限运动健将，曾走遍了世界两极和七大高峰；五十岁，他第二次登顶珠峰；六十岁，他只身奔赴哈佛大学求学；他是中国最有理想气质的 CEO，他是年轻人心中的企业家偶像。他就是本书作者——王石（万科地产的董事长）。这本书中，他只愿跟年轻人聊一聊人生，聊聊那些比成功更重要的事，关于理想和落差，关于选择和坚持。本书内容分三部分：出入哈佛、进退万科、回首珠峰。通过跟读者分享他的人生经历和哈佛求学的心得体会，王石告诉读者："可能你现在的生活并不如意，但你不妨放低身段，从自己不太愿意做的事情做起，把它做好，再进一步做好其他的事情，这个成功的机会就一定会对你开放的。"

24.《儒的气场》

作者：杜大宁

出版单位：北京时代华文书局

出版时间：2014 年

推荐语：

气场来源于人的内心，是一个人"内外兼修"的华美硕果。它环绕在一个人的周围，无形无迹，却具有不可抗拒的吸引力。一个人的道德与修养有着密不可分的关系。一个人的道德高，修养高，气场就高，这个人才有做大事的本领，才会有坦荡宽阔的心胸。"修身，齐家，治国，平天下"，是儒家自修自勉、成功成事之道。本书从儒家思想的角度深入分析了气场对人的潜移默化的影响，告诉读者如何用气场获得幸福、快乐、健康，以及改变命运的方法和技巧。书中认为大功业、大境界从"修身"开始，以孔子、孟子为代表的儒家思想以"自省，克己，忠恕，慎独，中庸，力行"为中心，形成了一套自身修养的理论，帮助人们修炼好德行，具备仁爱之心，从而在"内外兼修"中成就完美的气场氛围，获得幸福、快乐、健康以及改变命运的方法和技巧。所以，从现在起，马上通过儒家智慧修炼你的修养吧，让自己的气场变得强大，你就会成为人生的掌控者。

25.《大学》(精华版)

作者：傅云龙、蔡希勤

出版单位：华语教学出版社

出版时间：2006年

推荐语：

《大学》原来是《礼记》中的一篇，宋代学者朱熹将其从《礼记》中抽出，不断加工，使之独立成书，成为儒家纲领性经典，在儒学乃至中国传统文化发展史上，占有特别重要的地位。要了解儒学、研究儒学、传播儒学的精华，就不能不认真阅读这部书。但是，长期以来《大学》的外文译本不多，这就给国外研究中国哲学、中国文化的学人和广大读者带来了不便。《大学》(精华版)精选春秋战国时期儒家作品《大学》中广为人知的语句，配以白话和英文翻译，对重点语句给予详细的注释，并配上多幅精美插图，使本套图书的观赏性和实用性融为一体，以满足研究中国哲学的外国人及相关人士的需要。

26.《中庸》(精华版)

作者：傅云龙、蔡希勤

出版单位：华语教学出版社

出版时间：2006年

推荐语：

《中庸》是儒家经典的“四书”之一。原是《礼记》第31篇，作者为孔子后裔子思，后经秦代学者修改整理，到宋代被学人提到突出地位上来，单宋一代探索中庸之道的文章不下百篇。南宋朱熹又把《中庸》和《大学》《论语》《孟子》并列称为“四书”。宋、元以后，《中庸》成为学校指定的教科书和科举考试的必读书，对古代教育产生了极大的影响。“中庸”就是既不善也不恶的人的本性。从人性来讲，就是人性的本原，人的根本智慧本性。《中庸》是儒家学派最为重要的经典之一。要了解儒学，这是必读书目之一。但长期以来，《中庸》的外文译本也不多，限制了中国传统文化的传播。《中庸》（精华版）先把古文翻成白话，然后再译成英文，弥补了这一缺陷。同时增加了更详细的注释，而且配以多幅精美插图，使本书更具观赏性和实用价值。

八、政治经济

序号	作品名称	作者 / 编者 / 译者	出版单位	出版时间	建议级别
1	数字十年	胡占凡	中国广播电视出版社	2012	5
2	中国社会建设	《中国文化》课件编写组	北京语言大学出版社	2014	5
3	落实中央八项规定精神政策图解	《落实中央八项规定精神政策图解》编写组	中国方正出版社	2014	5
4	中国国情	《中国文化》课件编写组	北京语言大学出版社	2012	5
5	全球化视野下的中国发展之路：和平发展的中国	银温泉、刘强	新世界出版社	2006	6
6	中国很高兴：全球视野下中国时代来临的前瞻与后顾	巩胜利等	东方出版社	2009	6
7	牛奶可乐经济学	［美］罗伯特·弗兰克著，闾佳译	中国人民大学出版社	2010	5
8	谁动了我的奶酪	［美］斯宾塞·约翰逊著，魏平泽	中信出版社	2010	5
9	经济学的 100 个故事	陈鹏飞	新华出版社	2008	5
10	中国经济	王梦奎	五洲传播出版社	2006	5
11	天天读点漫画经济学	［韩］郑甲泳著，［韩］朴哲权绘，薛舟、徐丽红译	中国传媒大学出版社	2010	5

序号	作品名称	作者 / 编者 / 译者	出版单位	出版时间	建议级别
12	财经词汇一本搞定	李莉、万琳、董宇	安徽人民出版社	2013	5
13	不可不看的知识产权故事	田力普	知识产权出版社	2011	4
14	三天读懂中国经济	大众财经图书中心	中国法制出版社	2014	5
15	激励世界的 101 位名人成长故事：经济类	彭凡	同心出版社	2006	5
16	改变你一生的小人物大智慧	禹田	同心出版社	2009	4
17	快乐经济学启蒙绘本	[韩] 柳孝真著，[韩] 林京熙绘，[韩] 朴子姬译	湖南少年儿童出版社	2013	4
18	寓言故事中的经济学诡计	黄晓林	石油工业出版社	2012	5
19	商务谈判与沟通技巧	潘肖珏、谢承志	复旦大学出版社	2006	超

1.《数字十年》

作者：胡占凡

出版单位：中国广播电视出版社

出版时间：2012 年

推荐语：

作为一个外国留学生，如果你要全面了解中国，关注中国的过去、现在、未来，并进一步预测未来十年的中国将从哪里起步发展，这是一本必读书。

《数字十年》把大主题放在小数字当中，用数字讲述中国政治经济的十年发展。本书来自中央电视台《新闻联播》节目，以讲故事的方式，通过动画图片和准确的数字，深入浅出地总结了从政治、经济、文化、教育、科技、民生、健康等到全国 31 个省市自治区地方发展的十年巨变。

本书最大特点是每条新闻报道都配有数字分析图表，并与文字合为一体，语言口语化；同时还配有中央电视台同步播出视频网址，可根据网址随时点播在线观看当日报道，从而使你的无声阅读与视觉和听觉相结合。

2.《中国社会建设》

作者：《中国文化》课件编写组

出版单位：北京语言大学出版社

出版时间：2014 年

推荐语：

也许你还没有来过中国，也许你刚刚到达中国，也许你已经身在中国多年，但不论是哪种情况，你多多少少都会对中国存有疑问，比如：为什么中国要实行计划生育？现在的政策是否有所改变？面对全球性的人口老龄化问题，中国是怎样做的？为什么中国不像很多西方国家那样，私立学校大多优于公立学校？中国的大学是怎样招生的？面对收入差距，中国政府又采取了怎样的政策？

本书围绕21个关键词进行描述，从教育、就业、收入、社会保障、医疗卫生和社会治理等六个方面做了介绍，20个数据图表、200张图片、18个视频、30个动画展现中国政府如何推动社会改革的历程，分析了相关政策措施的走向，论述结合，勾画出中国社会的现状和未来。通过阅读本书，你将了解一个立体的中国社会。

3.《落实中央八项规定精神政策图解》

作者：《落实中央八项规定精神政策图解》编写组

出版单位：中国方正出版社

出版时间：2014年

推荐语：

《落实中央八项规定精神政策图解》共分为六个专题，即公务外出（国内差旅和因公临时出国）、公务接待、公务用车、会议活动、办公用房、个人自律等。每个专题以十八大以来中央制定的关于党员领导干部廉洁自律的系列规定为核心，以易学、易记为原则，以图文形式生动直观地进行讲解。此外，每幅图后均附有重点名词的解读与扩展条文，为图解提供辅助性参考。

本书是党员领导干部的工具书，又是约束自身行为的好帮手。对外国留学生而言，“一册在手，规范不愁”，让你近距离地了解中国当前的政治改革。

4.《中国国情》

作者：《中国文化》课件编写组

出版单位：北京语言大学出版社

出版时间：2012 年

推荐语：

你是否想在短时间内对中国这个历史悠久、地域广大、人口众多、民族多样的国家有个全面的了解？面对复杂的世界关系，你是否更想在短时间内看清它的政治与外交政策？面对中国取得的令人惊讶的经济成就，你是否想知道它的经济增长的产业格局以及面临的挑战？

《中国国情》是一套通用型讲座软件，全书分为“国情概况与中国特色”“内政外交与政治特点”“经济发展与面临挑战”和“社会生活与未来展望”等四大主题，全面介绍了中国的历史地理概况和当代中国的政治、经济及社会发展的各个方面。整套软件包含 90 张幻灯片、500 张图片、25 段视频、30 个动画和图表，将复杂的原理、事实、数据系统化、直观化，让你在娱乐欣赏的同时对中国国情有个系统的了解。

5.《全球化视野下的中国发展之路：和平发展的中国》

作者：银温泉、刘强

出版单位：新世界出版社

出版时间：2006 年

推荐语：

在过去的四分之一世纪里，全球经济最重要的事件之一就是中国经济的持续快速发展，这种快速发展，吸引了全球各方的关注，被称为“中国发展之谜”。作为一个留学生，你是否思考过中国经济为什么能够持续快速发展？中国目前发展面临着什么问题？是否想预测中国经济下一步的发展动态？这本书将为你详细解答这些问题。

本书分为三个部分：第一部分从“经济体制改革”“对外开放政策”和“改革开放”三个方面，详细分析中国经济快速发展的原因；第二部分从“资源紧张”“环境压力”和“就业压力”三个角度，分析中国经济发展中的问题；第三部分从未来“经济发展的诸多有利条件”“发展方向和政策指向”两方面，分析中国经济发展的下一步走向。明确指出经济社会持续快速发展、丰富而低成本的劳动力资源、较高的国民储蓄率、广阔的市场空间等有利条件将会促进中国经济的进一步发展，而社会主义新农村、产业结构优化升级、区域协调发展、节约资源、改善环境、科教兴国、人才强国则是未来中国经济的发展方向。

本书内容充实，语言简单易懂，通过数据和图片让你体会改革开放的巨大成就。阅读此书你能从中国经济发展的原因、存在的问题及未来的发展趋势等方面引发自己的思考。

6.《中国很高兴：全球视野下中国时代来临的前瞻与后顾》

作者：巩胜利等

出版单位：东方出版社

出版时间：2009 年

推荐语：

作为一个留学生你是否也对中国快速发展的经济感兴趣？是否想知道中

国发展过程中遇到了哪些问题？你赞成中国机遇论还是中国威胁论？而“人民币从地平线上冉冉升起”“次贷危机”“山寨中国”“盛世‘汉’代”……这些关键词是否会吸引你的眼球？如果你想知道作者是如何对上述热点问题进行解答的，那么请翻开这本书，它会给出你想要的答案。

本书包括政治、经济、金融、历史、文化多个领域，本着公正客观的态度，既分析了中国积极发展的乐观形势，也分析了它存在的问题和不足，提出了以“中国机遇论”取代“中国威胁论”的主张；重新展现了中国近年来的高速发展的路线图和大国崛起的路径。

中国很高兴，因为随着经济的发展，国力的壮大，中国时代正在来临！然而，在发展之路上存在不足、遇到困难是难免的。本书展示给你的将是一个客观真实并发展着的中国。

7.《牛奶可乐经济学》

作者：［美］罗伯特·弗兰克著，闫佳译

出版单位：中国人民大学出版社

出版时间：2010 年

推荐语：

如果你是一个善于观察的人，你会发现生活中很多常见的现象都可以用经济学的原理来解释。比如，为什么牛奶的盒子是方的，可乐的瓶子是圆的？为什么酒吧中不值钱的水要收费而花生米却免费？为什么女模特的收入高于男模特？为什么饮料可以免费续杯？为什么许多超市的营业时间是 24 小时？为什么汽车在单行道上谦让反而效率更低？为什么外表富有吸引力的人更聪明？为什么航空公司提供的机上餐那么难吃？为什么苹果在旺季价格下降，海边别墅却在旺季价格上升？……当你打开这本书，一堂生动、有趣、实用的经济学课便开始了。

本书关注的是我们在现实中常见而又未被注意到的现象，通过讲故事的方式，用经济学的原理和方法来解释生活中的各种现象，并通过这些有趣的事例来加深你对经济学的理解。读完这本书，你在不知不觉中已经接受了经济学的思维方式。

8.《谁动了我的奶酪》

作者：［美］斯宾塞·约翰逊著，魏平译

出版单位：中信出版社

出版时间：2010 年

推荐语：

人生像一个“迷宫”，每个人都在其中寻找各自的“奶酪”——稳定的工作、身心的健康、和谐的人际关系、甜蜜美满的爱情，或是令人充满想象的财富……那么，你是否正在享受你的奶酪呢？如果是的，恭喜你，你只需要阅读一下书中的小故事即可，它会时刻提醒你，你的奶酪是否已经变质；如果不是，欢迎你，请你把这本书从头到尾阅读一下，希望你能够从中受到启发，尽快享受你的奶酪。

《谁动了我的奶酪》讲的是两个小矮人和两只小老鼠的故事。不同的人面对“奶酪”的获得、拥有、失去会产生的不同心态，由此采取不同的行动。有的人像嗅嗅和匆匆，迅速开始行动；有的人像哼哼那样害怕变化，否认和拒绝变化；有的人像唧唧那样能够及时地调整自己去适应变化，使事情变得更好。你更喜欢哪种做法呢？面对变化又你会怎么做呢？

很多读者从奶酪的故事中得到启发，从而改善了自己的事业、婚姻和生活，同时也引起了大家广泛的讨论。由于变化时时都在发生，我们每个人都要认真思考，究竟是谁动了我的“奶酪”？我们又该如何发现新的“奶酪”？这本书将帮你找到答案！

9.《经济学的100个故事》

作者：陈鹏飞

出版单位：新华出版社

出版时间：2008年

推荐语：

你知道土豆炖牛肉这道简单而美味的菜的出现包含着怎样的经济学知识吗？你知道高工资为什么换不来高效率吗？你知道惯于偷自行车的小偷和惯于抢银行的罪犯哪个效益更高吗？你知道生产煤的人为什么没有煤烧吗？你知道一块石头为什么会成为稀世珍宝吗？事实上，这些有趣的现象都包含着经济学的原理，在这本书中你都能找到答案。

本书分为“微观经济学故事”“宏观经济学故事”和“经济学的其他故事”三个部分，利用图画和文字向你讲述了100个经济学故事和相关的经济学知识，每一篇都是以小故事引入，然后用相关的经济学原理进行深层分析，最后的小知识部分还会为你介绍相关的经济学家。例如《孔融让梨——收入分配与经济发展》，涉及了经济学中的收入分配问题，并从故事本身入手分析了收入分配和经济发展之间的关系，最后的小知识部分则为你介绍了经济学家格兰杰。

读完此书，相信你一定能从经济学的角度，更加理性地重新认识一些与你的生活密切相关的现象，从而在面对问题时做出更加理性、更加聪明的选择。

10.《中国经济》

作者：王梦奎

出版单位：五洲传播出版社

出版时间：2006年

推荐语：

自1978年改革开放以来，在长达20多年的时间里，中国经济保持了年均9%以上的增长速度，你是否听到过“中国是世界制造中心”这样的说法？

今日中国，不仅解决了13亿人口的温饱问题，而且总体上达到小康水平，日益繁荣的中国经济正成为推动世界经济发展的动力之一。作为留学生，你想知道为什么中国经济能够取得如此巨大的成就吗？你想快速地了解中国经济的过去、现在和未来吗？你知道你经常听到的“改革开放”“经济改革”这些名词对中国经济有怎样的意义吗？本书主要介绍了当代中国经济的基本情况，描绘了中国现代化进程，展现了中国经济改革和对外开放成就，关注中国农村和城市经济的发展，观察百姓经济生活的变化，了解中国制造业的现状和未来，分析国际上有关中国经济的各种评论，从而帮助你快速、全面地了解中国经济状况，并感受中国经济发生的巨大而深刻的变革。

这本书带你体会中国经济的飞速发展，思索中国经济持续发展的原因，了解中国经济的建设重点，对国际上评论中国经济的声音有一个全新的认识。相信这本书会帮你选择一个全新的视角看中国！

11.《天天读点漫画经济学》

作者：［韩］郑甲泳著，［韩］朴哲权绘，薛舟、徐丽红译

出版单位：中国传媒大学出版社

出版时间：2010 年

推荐语：

经济与社会生活密切相关，经济学存在于每个人的日常行为中。每个人在生活中都会有意无意地运用经济学规律进行选择，我们的日常消费以及人际交往、职场竞争、爱情婚姻等，事实上都是一种经济活动，都包含一些经济学规律。

本书精选出经济中最常遇到的60余个关键词，例如，“汇率”“油价”“金融危机”“通货量”等，用简洁生动的文字配以有趣的漫画，生动幽默地讲明了其背后的经济学原理。作者所传授的最简单、最有趣的“学”经济三步曲，保证使您一看就乐，一学就会，一生受益。

本书帮助你补充实用的经济学常识，轻松地解决经济难题，是一本学习经济学常识不可缺少的书。

12.《财经词汇一本搞定》

作者：李莉、万琳、董宇

出版单位：安徽人民出版社

出版时间：2013 年

推荐语：

当你在看新闻时，是否常常遇到看不懂的经济术语？如果你的回答是肯

定的，那就看看这本书吧。经济学就在我们身边，懂得一些经济学知识，可以帮助我们更深刻地了解那些存在于我们身边的生活现象背后的本质和真相。

本书由当今使用率最高的财经用语汇集而成，选取的词汇从最基本的概念如“资产、商品、指数”，到专业术语“份额、信用债券、价值投资法”等，这 200 个跟我们的生活相关的财经词汇，让你的使用更有针对性。

《财经词汇一本搞定》帮助你通过一本书读通经济学，让你一看就懂，一学就会，并像经济学家一样去思考，用经济学的思维观察生活现象，指导自己的行为。

本书通俗易懂，即使没有经济学基础的你也能读懂。另外，随书附送约 50 幅漫画，让你发现投资世界幽默的一面。

13.《不可不看的知识产权故事》

作者：田力普

出版单位：知识产权出版社

出版时间：2011 年

推荐语：

在信息时代，知识产权已经不再是一个陌生的名词，但是知识产权的常识却不是每个人都熟悉。本书采用简单易懂的对话，为你讲述知识产权常识。

书中的主角有两个，一个是“万事通”，另一个是“小问号”，通过“小问号”的问题，“万事通”详细讲述了知识产权以及与之相关的知识。内容包括：第一章图解知识产权，通过生动的图片，简单地讲解了知识产权、专利、商标和著作权等基本知识；第二章通过中国正泰集团和法国施耐德公司的维权战争等案例，告诉你应该怎样申请、经营和保护专利权；第三章通过介绍“同仁堂”“肯德基”“三九胃泰”等知名品牌的维权战，为你介绍有关商标的知识；最后通过第四章，你还会学到很多有关著作权的知识。

通过阅读这本书，你不但可以了解、熟悉知识产权，还可以了解中国在知识产权保护方面的做法和案例。

14.《三天读懂中国经济》

作者：大众财经图书中心

出版单位：中国法制出版社

出版时间：2014 年

推荐语：

作为留学生，你一定想知道为什么中国的房价居高不下，中国股市为什么持续走低，中国的贫富差距为什么越来越大，中国经济在未来十年又会怎样。

本书从经济学的角度对中国社会的热点问题进行了详细分析，用浅显易懂的文字为你讲解经济学名词和经济学知识。此外，本书从宏观的视角，深刻分析中国目前的经济状况，指明中国目前面临的机遇和挑战，并对今后中国经济走势进行大胆预测。

主要包括以下内容：第一课，读懂中国楼市，你将了解中国房地产泡沫究竟有多大，该由谁负责，限购令为什么挡不住房价等问题；第二课，读懂中国股市，为你全面解析中国股市之谜；第三课，读懂通货膨胀，带你深入思考为什么人民币越来越不值钱，存钱为什么等于赔钱；第四课，读懂个人收入，主要讲解贫富差距为何越拉越大，被剥削的为什么是中产阶级，什么是基尼系数和二八法则，它们之间有什么关系；第五课，读懂中国金融，让你明白下列问题，中国银行的财富是否在大量流失，民间信贷问题如何解决，人民币如何实现国际化之路；第六课，读懂就业市场，让你思考就业难到底难在哪里，就业难的另一面为什么是用工荒；第七课，带你审视支撑中国经济的未来民族产业；第八课，主要探讨中国的能源问题；第九课，主要探讨中国环保经济的问题；第十课，和你一起预测中国经济的走向。

读完此书你将对人们普遍关心的经济热点问题有一个全面、深入的了解。弄明白这些经济热点问题不但能使你更加了解中国，而且可以帮助你在经济生活中做出更好的选择。

15.《激励世界的101位名人成长故事：经济类》

作者：彭凡

出版单位：同心出版社

出版时间：2006年

推荐语：

名人，可以引人积极向上，是大家羡慕的对象，更是人类珍贵的宝藏。谁不想当名人呢？那么，你了解你自己吗？你发现自己有什么与众不同的天赋呢？你希望成为跟自己所喜欢的名人一样的人吗？你在成长过程中获取了怎样的经验？抛开这些，你是否还希望成为一个令自己满意的人？

这本书通过发生在名人身上的一个个有趣的故事告诉我们如下内容：这些世界名人，如何用心创造奇迹；这些管理奇才，如何用泪打造传奇；这些理财高手，如何用梦想累积财富。比如，“一粒米里的大学问（王永庆）”“天才小主编（金庸）”“巧卖洒水器（李嘉诚）”“积少成多成财神（蔡万霖）”“一只可爱的储蓄罐（张朝阳）”等。这些故事中的主人公都是中国著名的企业家，读完他们的故事，你会发现，原来天赋是看不见的翅膀，长在我们每个人的身上。

读一读这些大人物的小故事，体验他们的成长经历，感受他们的智慧，提升你的理想，扩展你的思路，感受与名人作伴的乐趣。

让这些名人不断鼓励你，让你在成长中带着翅膀飞翔吧！

16.《改变你一生的小人物大智慧》

作者：禹田

出版单位：同心出版社

出版时间：2009 年

推荐语：

想知道小人物能够运用的大智慧吗？那就读一读这本书吧！你不用担心读不明白，因为全世界人的思想是可以共通的！这里面的故事虽小，却包含人生百态，里面的处世方法也许能够影响你的一生。

本书内容着眼于古今中外大量的平凡人物及少年儿童，他们在遇到特殊情况时所表现出来的智慧与勇敢，充满了传奇色彩。其中的故事有《把房间填满》《百闻不如一见》《不是靠天》《参天大树》《老朋友到底怎么了》等。阅读这些故事，会使你受到启发和教育，终身受益。

本书是全拼音标注，所以特别适合初级汉语水平的留学生来阅读。拿起它，翻开它，你将会在轻松愉悦的环境下读完整本书，快乐地接受新的知识和道理！

17.《快乐经济学启蒙绘本》

作者：［韩］柳孝真著，［韩］林京熙绘，［韩］朴子姬译

出版单位：湖南少年儿童出版社

出版时间：2013 年

推荐语：

这是一套色彩丰富艳丽、内容通俗有趣的书！书里有很多跟经济学有关的小故事，例如《玩具工厂大历险》讲的是家庭收入，《魔镜里的交换世界》讲的是理智消费，《猴子兄弟奇遇记》讲的是管理零用钱，《守护白大象》讲的是储蓄，《娜娜和小妖精们》讲的是价格，《黑苹果的秘密》讲的是货物流通，《寻找消失的列车》讲的是商业竞争，《阿拉斯加的毛衣大战》讲的是广告和品牌，《我是糖果创意家》讲的是企业经营，《淘气鬼松鼠托托》讲的是贸易。通过这些故事，这套书把本来很无趣的经济学，立刻变得生动活泼起来！

这是一套很浅显的经济学启蒙读本，几乎所有专业的人都可以看！没有说教，还带有一点搞笑的风格。知识的讲解也很巧妙，全部隐藏在故事和游戏里，例如理财的知识就是通过阅读故事的过程慢慢渗透到你的脑子里去。如果你想在读一读、乐一乐中长知识，就读读这套书吧。

18.《寓言故事中的经济学诡计》

作者：黄晓林

出版单位：石油工业出版社

出版时间：2012 年

推荐语：

寓言是看似简单的小故事，而这些小故事却可以传达大道理；寓言通过隐喻来反映人性以及做人的道理，而经济学则用逻辑推理或数学工具来分析人类的行为。因而，寓言和经济学又是共通的。

本书从表面看是在讲述寓言故事，但同时却巧妙地把生活中的经济学道理通过寓言这一古老的“工具”展示给大家，比如《农夫和小魔鬼》说明贪心并不是人的本性；《画蛇添足》表达了投入适度成本才能获得最佳效益的观念；《借四壁余光》讲明了坐享他人之利的“搭便车”智慧，等等。

本书以一个寓言讲明一个经济学观点的方式，为你提供轻松有趣的阅读途径，使你在阅读风趣生动的寓言的同时，深刻了解当代经济学的各种原理。

19.《商务谈判与沟通技巧》

作者：潘肖珏、谢承志

出版单位：复旦大学出版社

出版时间：2006 年

推荐语：

你知道如何进行商务谈判吗？你知道怎么进行商务沟通吗？商场如战场，你是否希望挑战自己，成为商务谈判的高手？如果答案是肯定的，那么读读这本书，来体会智慧与智慧的较量吧。

本书通过大量精彩的实例分析，简明地讲述了商务谈判的基本理论与技巧，诸如：如何出价、如何还价、怎样让步、怎样签约，以及如何制订谈判计划、如何做到知己知彼、如何安排议程和环境、如何使用各种谈判技巧……这些都是在向你展现真正的商务语言，帮助你在商务谈判中顺利应对。

也许这本书对你来说，阅读起来有点费力，但是它的难度绝对不是其中的商务内容，大胆地挑战一下自己吧！读完这本书，你不但会增加对商务谈判的兴趣，而且还能提高对所学汉语的运用能力，这也是希望你能够选择读这本书的重要原因。

附录一：基本推荐书目汇总表

序号	类别	作品名称	作品形式	作者 / 编者 / 译者	建议级别
1.01	文化教育	家庭教育	图书	陈鹤琴	5
1.02	文化教育	你好，中国	图书	《认识中国》编写组	4
1.03	文化教育	你好，中国	图书 音像	姜丽萍、韩明、郑家平、刘国艳等	5
1.04	文化教育	中国文化欣赏读本（上、下）	图书	刘谦功、舒燕、于洁	4
1.05	文化教育	对话中国·物态文化篇	图书	张健、董萃、金学丽	5
1.06	文化教育	对话中国·心态文化篇	图书	张健、董萃	5
1.07	文化教育	母亲札记	图书	鲁西西	5
1.08	文化教育	向名人的父母学家教	图书	文予可	5
1.09	文化教育	中国教育跟西方不一样	图书	王瑞烽、于萍	4
1.10	文化教育	中国科技和教育	图书	席巧娟、张爱秀	6
1.11	文化教育	中国风土人情	图书	程麻	超
1.12	文化教育	中国文脉	图书	余秋雨	超
1.13	文化教育	中国酒	图书	李争平	6

序号	类别	作品名称	作品形式	作者 / 编者 / 译者	建议级别
1.14	文化教育	舌尖上的中国（第一季、第二季）	影视	陈晓卿	5
1.15	文化教育	我爱我家	影视	英达	4
1.16	文化教育	家有儿女	影视	林丛	4
1.17	文化教育	走进中国百姓生活（上、下）	图书音像	刘月华、刘宪民、李金玉	5
1.18	文化教育	中国百姓身边的故事（上、下）	图书音像	刘月华、李金玉、刘宪民、葛良彦	4
1.19	文化教育	中国人的故事（上、下）	图书音像	余宁、张斌、陈晓燕	5
2.01	语言民族	中国有 56 个民族	图书	郑茜	4
2.02	语言民族	中国古代经典名句英译	图书	刘士聪、谷启楠	4
2.03	语言民族	中国的民族与宗教	图书	郑茜	6
2.04	语言民族	汉语风——中文分级系列读物（第 1 级）	图书	刘月华、储诚志	2
2.05	语言民族	汉语风——中文分级系列读物（第 2 级）	图书	刘月华、储诚志	3
2.06	语言民族	汉语风——中文分级系列读物（第 3 级）	图书	刘月华、储诚志	3
2.07	语言民族	汉语分级阅读（1~3）	图书	史迹	5
2.08	语言民族	我在中国的那些日子（1~2）	图书	方玲	3
2.09	语言民族	从“一窍不通”到“胸有成竹”	图书	彭志平	4

序号	类别	作品名称	作品形式	作者 / 编者 / 译者	建议级别
2.09	语言民族	从“坐井观天”到“鹏程万里”	图书	彭志平	4
2.10	语言民族	中国人有趣的实话实说	图书	王瑞烽	4
2.11	语言民族	中国人喜欢跳舞	图书	王瑞烽	4
2.12	语言民族	我当上了中国女婿	图书	王俊毅、王瑞烽	4
2.13	语言民族	砍价是一种享受	图书	于萍、王俊毅	4
2.14	语言民族	我是世界上最幽默的人	图书	甘宗铭	4
2.15	语言民族	中国的“负翁”越来越多	图书	于萍	4
2.16	语言民族	中国历代笑话精选（1~4）	图书	柳间亭、李焕武等	4
2.17	语言民族	通古博今学汉语丛书（1~4）	图书	尹斌庸、韩晖等	4
2.18	语言民族	趣味汉字	图书	陈火平	4
3.01	文学	贫嘴张大民的幸福生活	图书	刘恒	5
3.02	文学	许三观卖血记	图书	余华	5
3.03	文学	活着	图书	余华	6
3.04	文学	我爱比尔	图书	王安忆	4
3.05	文学	城南旧事	图书	林海音	4
3.06	文学	万水千山走遍	图书	三毛	超

序号	类别	作品名称	作品形式	作者 / 编者 / 译者	建议级别
3.07	文学	上海的风花雪月	图书	陈丹燕	6
3.08	文学	大浴女	图书	铁凝	6
3.09	文学	蛙	图书	莫言	6
3.10	文学	围城	图书	钱锺书	5
3.11	文学	生活秀	图书	池莉	6
3.12	文学	棋王	图书	阿城	6
3.13	文学	桃之夭夭	图书	王安忆	5
3.14	文学	鱼和它的自行车	图书	陈丹燕	6
3.15	文学	拯救乳房	图书	毕淑敏	6
3.16	文学	长恨歌	图书	王安忆	超
3.17	文学	作女	图书	张抗抗	6
3.18	文学	铁凝精选集	图书	铁凝	5
3.19	文学	红玫瑰与白玫瑰	图书	张爱玲	超
3.20	文学	倾城之恋	图书	张爱玲	超
3.21	文学	撒哈拉的故事	图书	三毛	6
3.22	文学	文化苦旅	图书	余秋雨	超

序号	类别	作品名称	作品形式	作者 / 编者 / 译者	建议级别
3.23	文学	上海街情话	图书	王安忆	6
3.24	文学	我与地坛	图书	史铁生	6
3.25	文学	风景	图书	方方	6
3.26	文学	舞者	图书	海岩	6
3.27	文学	蜗居	图书	六六	5
3.28	文学	杜拉拉升职记	图书	李可	6
3.29	文学	台北人	图书	白先勇	6
3.30	文学	玫瑰门	图书	铁凝	6
4.01	历史地理	中国简明通史	图书	白寿彝	超
4.02	历史地理	中国读本	图书	苏叔阳	超
4.03	历史地理	另一半中国史	图书	高洪雷	超
4.04	历史地理	中国史纲（精装插图本）	图书	张荫麟	超
4.05	历史地理	上下五千年（上、下）	图书	林汉达等	6
4.06	历史地理	林汉达中国历史故事集	图书	林汉达	5
4.07	历史地理	中国通史故事（1~4）	图书	朱仲玉等	6
4.08	历史地理	国宝中的历史密码（1~4）	图书	中央电视台中文国际频道	超

序号	类别	作品名称	作品形式	作者 / 编者 / 译者	建议级别
4.09	历史地理	重说中国近代史	图书	张鸣	超
4.10	历史地理	你不可不知的中国历史故事	图书	禹田	6
4.11	历史地理	你不可不知的中国名人故事	图书	禹田	6
4.12	历史地理	二十四史故事大全集	图书	青木	6
4.13	历史地理	中国国家地理	图书	郭漫	6
4.14	历史地理	中国国家地理地图	图书	《中国国家地理地图》编委会	6
4.15	历史地理	走遍中国	图书	《图说天下·国家地理系列》编委会	6
4.16	历史地理	中国地理全知道	图书	任啸科	超
4.17	历史地理	人文地理随笔	图书	唐晓峰	超
4.18	历史地理	中国地理读这本就够了	图书	韩焘	6
4.19	历史地理	中国自助游	图书	《中国自助游》编辑部	5
4.20	历史地理	中国最美的 100 处名胜古迹	图书	《中国经典游》编辑部	6
5.01	科技	神奇的人体生物钟	图书	［德］蒂尔·伦内伯格著，张丛阳译	6
5.02	科技	哦，有了！改变人类生活的 100 位发明家和 100 项发明	图书	［意］强奇著，友人译	6
5.03	科技	元素生活	图书	［日］寄藤文平著，陈正译	超

序号	类别	作品名称	作品形式	作者 / 编者 / 译者	建议级别
5.04	科技	水知道答案	图书	［日］江本胜著，陈晶译	超
5.05	科技	很冷很冷的冷门知识	图书	王悦	6
5.06	科技	中国科技文化史速读	图书	苏山	超
5.07	科技	一日一篇科普速读：像科学家一样思考（1~2）	图书	张建华	6
5.08	科技	航天简史（普及版）	图书	龚钴尔	6
5.09	科技	启发每个人思维的数学小书	图书	［美］李伯著 / 绘，朱灿译	6
5.10	科技	古今中外科技名人·综合卷	图书	牛秋业	超
5.11	科技	不敢问希区柯克的，问 S 先生吧：论一部电影的科学修养	图书	科学松鼠会和它的朋友们	6
5.12	科技	贪玩的人类：那些把我们带进科学的人	图书	老多	超
5.13	科技	关于科学的 100 个故事	图书	霍致平	6
5.14	科技	百科大讲堂：世界最伟大和最失败的发明	图书	贾浓铀	6
5.15	科技	科学最前沿	图书	《环境科学》杂志社、外研社科学出版工作室编，周俊等译	6
5.16	科技	科学的旅程	图书	［美］雷·斯潘根贝格等著，郭奕玲等译	超
5.17	科技	失实：为什么我们所知道的一切，有一半可能都将是错的	图书	［美］塞缪尔·阿贝斯曼著，赵晖译	6
5.18	科技	发明的故事	图书	［美］房龙著，杨禾译	超

序号	类别	作品名称	作品形式	作者／编者／译者	建议级别
5.19	科技	科学失误故事	图书	陈仁政	6
5.20	科技	小脑袋，甜念头——日常生活中的科学	图书	［加］杰·英格拉姆著，陈璐译	5
6.01	艺术体育	给孩子的第一套艺术鉴赏书	图书	中央美术学院美术馆	4
6.02	艺术体育	艺术中华	图书	任犀然	4
6.03	艺术体育	中国原创绘本精品系列	图书	符文征等	4
6.04	艺术体育	推手	影视	李安	4
6.05	艺术体育	我们这一代：最初的面孔	图书	肖全	5
6.06	艺术体育	艺术家的故事	图书	谢友国	5
6.07	艺术体育	梅兰芳	影视	陈凯歌	5
6.08	艺术体育	霸王别姬	图书	李碧华	6
6.09	艺术体育	五环旗下的中国	图书	孙晶岩	6
6.10	艺术体育	戏曲故事	图书	张晓风	6
6.11	艺术体育	一画一世界：教你读懂中国画	图书	罗淑敏	6
6.12	艺术体育	中国美术鉴赏十六讲	图书	杨琪	6
6.13	艺术体育	祖父的六抽小柜	图书	杨凯麟	6
6.14	艺术体育	故宫的风花雪月	图书	祝勇	超

序号	类别	作品名称	作品形式	作者 / 编者 / 译者	建议级别
6.15	艺术体育	你能读懂的中国美术史	图书	杨琪	超
6.16	艺术体育	游艺黑白——世界钢琴家访谈录（上、下）	图书	焦元溥	超
6.17	艺术体育	再见传统（1~4）	图书	吕胜中	超
6.18	艺术体育	中国古代体育	图书	任海	超
6.19	艺术体育	中国古建筑二十讲	图书	楼庆西	超
6.20	艺术体育	中国美术史百题	图书	谭天	超
7.01	哲学社科	受益一生的情绪控制课	图书	唐华山	6
7.02	哲学社科	生当优秀	图书	周国平	5
7.03	哲学社科	孟子（精华版）	图书	蔡希勤	6
7.04	哲学社科	禅的气场	图书	弘逸	6
7.05	哲学社科	中庸：仁善忠恕的处世之道	图书	（春秋）子思原著，孙虹钢译解	6
7.06	哲学社科	漫画《论语》（全译本）（上、下）	图书	于健	6
7.07	哲学社科	新编弟子规	图书	王汉卫、苏印霞	5
7.08	哲学社科	老子：修养心性的生命哲学	图书	（春秋）李耳原著，孙虹钢译解	6
7.09	哲学社科	一花一世界：跟季羡林品味生活禅	图书	季羡林	6
7.10	哲学社科	中国人的生活哲学	图书	李钢	5

序号	类别	作品名称	作品形式	作者 / 编者 / 译者	建议级别
7.11	哲学社科	认识中国人	图书	袁牧、张桦、那天野	5
7.12	哲学社科	中国古代哲学	图书	陶黎铭、姚萱	超
7.13	哲学社科	当代中国微记录（1~10）	图书	李禄兴	5
7.14	哲学社科	石述思说中国	图书	石述思	超
7.15	哲学社科	定位中国：认清我们的时代和时代中的我们	图书	童大焕	超
7.16	哲学社科	时论中国	图书	厉以宁、艾丰、石军	超
7.17	哲学社科	解读道德经	图书	蔡希勤	6
7.18	哲学社科	老人家说系列	图书	蔡希勤	6
7.19	哲学社科	中国哲学简史	图书	冯友兰	超
7.20	哲学社科	学圣人　悟做人	图书	欧阳敏	6
7.21	哲学社科	年轻时：张颐武解读人生警语	图书	张颐武	5
7.22	哲学社科	既要成功　也要成仁	图书	潘石屹	6
7.23	哲学社科	成功是和自己的较量	图书	王石	6
7.24	哲学社科	儒的气场	图书	杜大宁	6
7.25	哲学社科	大学（精华版）	图书	傅云龙、蔡希勤	6
7.26	哲学社科	中庸（精华版）	图书	傅云龙、蔡希勤	6

序号	类别	作品名称	作品形式	作者 / 编者 / 译者	建议级别
8.01	政治经济	数字十年	图书	胡占凡	5
8.02	政治经济	中国社会建设	图书 音像	《中国文化》课件编写组	5
8.03	政治经济	落实中央八项规定精神政策图解	图书	《落实中央八项规定精神政策图解》编写组	5
8.04	政治经济	中国国情	图书 音像	《中国文化》课件编写组	5
8.05	政治经济	全球化视野下的中国发展之路：和平发展的中国	图书	银温泉、刘强	6
8.06	政治经济	中国很高兴：全球视野下中国时代来临的前瞻与后顾	图书	巩胜利等	6
8.07	政治经济	牛奶可乐经济学	图书	[美]罗伯特·弗兰克著、闾佳译	5
8.08	政治经济	谁动了我的奶酪	图书	[美]斯宾塞·约翰逊著，魏平译	5
8.09	政治经济	经济学的100个故事	图书	陈鹏飞	5
8.10	政治经济	中国经济	图书	王梦奎	5
8.11	政治经济	天天读点漫画经济学	图书	[韩]郑甲泳著，[韩]朴哲权绘，薛舟、徐丽红译	5
8.12	政治经济	财经词汇一本搞定	图书	李莉、万琳、董宇	5
8.13	政治经济	不可不看的知识产权故事	图书	田力普	4
8.14	政治经济	三天读懂中国经济	图书	大众财经图书中心	5
8.15	政治经济	激励世界的101位名人成长故事：经济类	图书	彭凡	5

序号	类别	作品名称	作品形式	作者 / 编者 / 译者	建议级别
8.16	政治经济	改变你一生的小人物大智慧	图书	禹田	4
8.17	政治经济	快乐经济学启蒙绘本	图书	[韩] 柳孝真著，[韩] 林京熙绘，[韩] 朴子姬译	4
8.18	政治经济	寓言故事中的经济学诡计	图书	黄晓林	5
8.19	政治经济	商务谈判与沟通技巧	图书	潘肖珏、谢承志	超

附录二：基本推荐书目作品音序索引

音序	作品名称	类别	页码
N	年轻时：张颐武解读人生警语	哲学社科	144
	牛奶可乐经济学	政治经济	155
O	哦，有了！改变人类生活的100位发明家和100项发明	科技	91
P	贫嘴张大民的幸福生活	文学	45
Q	棋王	文学	54
	启发每个人思维的数学小书	科技	97
	倾城之恋	文学	60
	趣味汉字	语言民族	40
	全球化视野下的中国发展之路：和平发展的中国	政治经济	153
R	人文地理随笔	历史地理	85
	认识中国人	哲学社科	136
	儒的气场	哲学社科	146
S	撒哈拉的故事	文学	61
	三天读懂中国经济	政治经济	161
	商务谈判与沟通技巧	政治经济	165
	上海的风花雪月	文学	49
	上海街情话	文学	63
	上下五千年（上、下）	历史地理	76
	舌尖上的中国（第一季、第二季）	文化教育	14
	神奇的人体生物钟	科技	91
	生当优秀	哲学社科	129
	生活秀	文学	53

音序	作品名称	类别	页码
Z	中国历代笑话精选（1~4）	语言民族	38
	中国美术鉴赏十六讲	艺术体育	119
	中国美术史百题	艺术体育	124
	中国人的故事（上、下）	文化教育	18
	中国人的生活哲学	哲学社科	135
	中国人喜欢跳舞	语言民族	34
	中国人有趣的实话实说	语言民族	33
	中国社会建设	政治经济	151
	中国史纲（精装插图本）	历史地理	75
	中国通史故事（1~4）	历史地理	77
	中国文化欣赏读本（上、下）	文化教育	5
	中国文脉	文化教育	11
	中国有56个民族	语言民族	23
	中国原创绘本精品系列	艺术体育	112
	中国哲学简史	哲学社科	142
	中国自助游	历史地理	87
	中国最美的100处名胜古迹	历史地理	87
	中庸（精华版）	哲学社科	147
	中庸：仁善忠恕的处世之道	哲学社科	132
	走遍中国	历史地理	83
	走进中国百姓生活（上、下）	文化教育	16
	祖父的六抽小柜	艺术体育	119
	作女	文学	58

附录三：扩展阅读推荐书目

序号	类别	作品名称	作品形式	作者 / 编者 / 译者	出版单位	建议级别
1+.01	文化教育	北大旧事	图书	陈平原、夏晓虹	生活·读书·新知三联书店	超
1+.02	文化教育	六位教育家	图书	智效民	湖北人民出版社	超
1+.03	文化教育	微笑不止一个角度：28 位教师的教学智慧	图书	朱英	华东师范大学出版社	超
1+.04	文化教育	衣食住行——中华文化十万个为什么	图书	种方、高中正	中华书局	超
1+.05	文化教育	中国的世界遗产	图书音像	《中国的世界遗产》编写组	北京语言大学出版社	超
1+.06	文化教育	中国雕塑	图书	肇文兵	五洲传播出版社	6
1+.07	文化教育	中国功夫	图书	王广西	五洲传播出版社	5
1+.08	文化教育	中国古代发明	图书	邓荫柯	五洲传播出版社	6
1+.09	文化教育	中国绘画	图书	林茨	五洲传播出版社	超
1+.10	文化教育	中国节日	图书	韦黎明	五洲传播出版社	6
1+.11	文化教育	中国民居	图书	单德启	五洲传播出版社	5

序号	类别	作品名称	作品形式	作者／编者／译者	出版单位	建议级别
1+.12	文化教育	中国文化的深层结构	图书	孙隆基	广西师范大学出版社	超
1+.13	文化教育	中国饮食	图书	刘军茹	五洲传播出版社	5
1+.14	文化教育	中国园林	图书	楼庆西	五洲传播出版社	超
1+.15	文化教育	中西文化比较	图书	徐行言	北京大学出版社	超
1+.16	文化教育	做最好的老师——李镇西30年教育教学精华	图书	李镇西	漓江出版社	6
2+.01	语言民族	汉语词汇文化	图书	常敬宇	北京大学出版社	超
2+.02	语言民族	汉语与文化交际	图书	杨德峰	商务印书馆	超
2+.03	语言民族	汉语与中国传统文化	图书	郭锦桴	商务印书馆	超
2+.04	语言民族	汉字的智慧	图书音像	石定果、罗卫东	北京语言大学出版社	5
2+.05	语言民族	简易汉语趣味阅读：简单的难题	图书	张莉	北京语言大学出版社	5
2+.06	语言民族	简易汉语趣味阅读：荣誉答案	图书	朱锦岚、余宁	北京语言大学出版社	5
2+.07	语言民族	聚焦中国	图书	[美]王海龙	北京大学出版社	5
2+.08	语言民族	人与自然	图书	王静	中国社会科学出版社	超
2+.09	语言民族	中国少数民族建筑	图书	徐仁瑶、王晓莉	中央民族大学出版社	6

序号	类别	作品名称	作品形式	作者 / 编者 / 译者	出版单位	建议级别
2+.10	语言民族	少数民族节日	图书	季诚迁	中国社会出版社	5
2+.11	语言民族	西南民族节日文化	图书	黄泽	云南大学出版社	超
2+.12	语言民族	香巴拉之路	图书	[美]龙志安	新世界出版社	超
2+.13	语言民族	语林趣话全集	图书	李屹之	新世界出版社	5
2+.14	语言民族	民族发展蓝皮书：中国民族发展报告	图书	郝时远、王延中、王希恩	社会科学文献出版社	超
2+.15	语言民族	中国民族概论	图书	宋蜀华、陈克进	中央民族大学出版社	超
2+.16	语言民族	中国少数民族风情录	图书	曾庆南、张纬雯	中国青年出版社	6
2+.17	语言民族	中国少数民族政治关系分析	图书	杨顺清	云南人民出版社	超
3+.01	文学	暗示	图书	韩少功	人民文学出版社	超
3+.02	文学	孩子王	图书	阿城	人民文学出版社	6
3+.03	文学	红粉	图书	苏童	上海文艺出版社	超
3+.04	文学	慢船去中国	图书	陈丹燕	云南人民出版社	6
3+.05	文学	牵手	图书	王海鸰	作家出版社	超
3+.06	文学	山楂树之恋	图书	艾米	江苏人民出版社	5
3+.07	文学	王贵与安娜	图书	六六	上海人民出版社	6

序号	类别	作品名称	作品形式	作者 / 编者 / 译者	出版单位	建议级别
3+.08	文学	无字	图书	张洁	人民文学出版社	6
3+.09	文学	五星大饭店	图书	海岩	安徽文艺出版社	6
3+.10	文学	笑傲江湖	图书	金庸	花城出版社	超
3+.11	文学	一场风花雪月的事	图书	海岩	安徽文艺出版社	5
3+.12	文学	中国式离婚	图书	王海鸰	作家出版社	6
4+.01	历史地理	易中天中华史	图书	易中天	浙江文艺出版社	6
4+.02	历史地理	中国历史地图绘本	图书	《中国历史地图绘本》编委会	中国大百科全书出版社	5
4+.03	历史地理	中国历史 2000 问	图书	文征明	北京联合出版公司	6
4+.04	历史地理	365 天读历史	图书	365 天读经典编委会	北京联合出版公司	6
4+.05	历史地理	中国地理小百科	图书	李瑞玲、姜林成	吉林人民出版社	5
4+.06	历史地理	青少年不可不知中国地理 1000 问	图书	闻君、倪亮	北京工业大学出版社	6
5+.01	科技	科普进校园 · 我的第一套百科全书	图书	青少科普编委会	吉林科学技术出版社	6
5+.02	科技	最受青少年喜爱的天文百科	图书	陈书凯	中国纺织出版社	6
5+.03	科技	世界名家经典科普读物——自然与科学的神奇世界（1~4）	图书	［俄］贝列里门等著，吴超宇等编译	天津科学技术出版社	6

序号	类别	作品名称	作品形式	作者 / 编者 / 译者	出版单位	建议级别
5+.04	科技	图说二十四节气和七十二物候	图书	王修筑	山西人民出版社	超
5+.05	科技	科学外史	图书	江晓原	复旦大学出版社	超
6+.01	艺术体育	我心中的少林	图书	释永信	上海世纪出版股份有限公司	6
6+.02	艺术体育	舞台生活四十年	图书	梅兰芳	中国戏剧出版社	超
6+.03	艺术体育	中国戏曲经典原创动画	影视	李建凤等	湖南九天星文化传播有限公司	5
6+.04	艺术体育	艺海拾贝	图书	秦牧	中国青年出版社	超
6+.05	艺术体育	中国传统体育养生学	图书	邱丕相	人民体育出版社	超
6+.06	艺术体育	中国古建筑	影视	CCTV 栏目组	中央电视台纪录频道	超
7+.01	哲学社科	论语（精华版）	图书	蔡希勤	华语教学出版社	6
7+.02	哲学社科	北大修身课	图书	张笑恒	人民邮电出版社	6
7+.03	哲学社科	道德经图文本	图书	开泰	中华书局	超
7+.04	哲学社科	钱文忠解读《弟子规》	图书	钱文忠	中国青年出版社	超
7+.05	哲学社科	于丹《论语》心得	图书	于丹	中华书局	超
7+.06	哲学社科	每天一堂北大心理课	图书	邓捷	中国华侨出版社	6

序号	类别	作品名称	作品形式	作者 / 编者 / 译者	出版单位	建议级别
7+.07	哲学社科	受益一生的北大哲学课	图书	贾丹丹	中国华侨出版社	6
7+.08	哲学社科	绽放：听世界500强企业女总裁聊聊职场	图书	周忆、王舒婧	中信出版社	5
7+.09	哲学社科	这世界无处不美	图书	星云大师	花城出版社	6
7+.10	哲学社科	于丹《庄子》心得	图书	于丹	中国民主法制出版社	超
7+.11	哲学社科	庄子选译	图书	（战国）庄周著，玲珑编	南海出版公司	超
7+.12	哲学社科	钱文忠解读《三字经》	图书	钱文忠	中国民主法制出版社	超
7+.13	哲学社科	孟子的智慧	图书	傅佩荣	中华书局	超
8+.01	政治经济	人文经济学：不用数学的经济学	图书	茅于轼、岑科	暨南大学出版社	6
8+.02	政治经济	数字中国	图书	金勇进	人民出版社	6
8+.03	政治经济	中国国情读本	图书	中华人民共和国年鉴社	新华出版社	6
8+.04	政治经济	中国时尚热点	图书	康涛、黄海燕	外文出版社	5
8+.05	政治经济	每天读点趣味经济学	图书	张立辉	中华工商联合出版社	6
8+.06	政治经济	最好用的101个经济法则	图书	[韩]金敏周著，权成光译	机械工业出版社	6
8+.07	政治经济	经济为什么会崩溃：鱼、美元与经济学的故事	图书	[美]彼得·D·希夫等著，胡晓姣等译	中信出版社	6

序号	类别	作品名称	作品形式	作者 / 编者 / 译者	出版单位	建议级别
8+.08	政治经济	快乐上班的经济学	图书	[日]吉本佳生	华文出版社	6
8+.09	政治经济	王二的经济学故事	图书	郭凯	浙江人民出版社	超
8+.10	政治经济	经济学原来这么有趣：颠覆传统教学的18堂经济课	图书	钟伟伟	化学工业出版社	6
8+.11	政治经济	经济学常识全知道	图书	欧俊	中国华侨出版社	6
8+.12	政治经济	一本书读完经济学名著	图书	燕君	电子工业出版社	6
8+.13	政治经济	和谐中国	图书	朱有志	湖南人民出版社	超
8+.14	政治经济	复兴之路	图书	中央电视台《复兴之路》节目组	人民出版社	超
8+.15	政治经济	六十年中国大变革（1949–2009）上下卷	图书	赵海均	世界知识出版社	超
8+.16	政治经济	中国商务文化：商务沟通	图书音像	《中国商务文化》编写组	北京语言大学出版社	5